長谷川元良のこと

山形済生館病院初代院長

中村忠生

風雲舎

《はじめに》

長谷川元良家と中村家とは親戚だった

平成四(一九九二)年の秋、父が亡くなって間もない頃、仏壇の引き出しを整理していると、和紙に漢詩を認《したた》めたもの(140頁)が見つかった。読んでいくと、その詩文の末尾に長谷川元良という署名があった。その名前を見て、私にはその人物が誰なのかすぐ見当がついた。私が子供の頃、祖父や大伯母から時おり聞かされていた

「『済生館病院』の初代院長・長谷川元良は中村家とは親戚だよ」

という言葉を思い出したからである。

当時、子供だった私はそんなことには何の興味もなく意にも介さなかったが、しかし現実として、長谷川元良が詠み認めた詩文がわが家に残されていたとなれば話は別である。少しそのことに興味を持ち始めた私は、親戚であったとなれば何はともあれ、手始めに戸籍関係を早速調べてみたところ、結果はたしかに親戚になっていた。

私の曾祖父にあたる中村保太郎という人物の妹で、中村もと、という女性が、紛れも

なく長谷川元良の養女として長谷川家の戸籍に入籍されていたのである。その辺の事情についてはよく判らないのだが、そのことをきっかけに「済生館病院」という病院のことや長谷川元良という人物についてもう少し調べてみようという気になってきた。まずは後藤嘉一氏著の『済生館史』（昭和四一年十月刊）という本を借用のうえ、少しずつ芋蔓式に資料を集め始めた。そうするうちに長谷川元良なる人物のイメージがぼんやりと浮かび上がってきた。

その概略を語れば、長谷川元良という人物はまことに真面目人間であったようだ。何事にでも真剣に取り組み、工夫をこらすアイディアマンでもあった。たとえば本文中にも示しているが、長谷川元良の済生館時代の配下で、後に海軍に身を投じ海軍軍医総監にまで昇りつめた齊藤有記（旧姓河原）が、地元紙の「山形新聞」に、オーストリアの医学者ローレッツが明治十三年九月に山形に着任する直前に、それを歓迎する一文を投稿しているのだが、その文中で、長谷川のそれまでの済生館病院での仕事ぶりを褒めたたえたうえ、その後もローレッツの良き片腕となって奮闘し、我々の期待に応えて欲しいと激励している。そうした事例を調べていくと、長谷川が相当の努力家でもあったことがうかがえる。それらの具体的な事実は、本書のなかで逐次述べてみる。

そんなことを積み重ね、この遠縁にあたる人物のイメージを造形していく作業は楽しかった。江戸・明治という激動のなかで、薩長土肥の出でもない人間が、自分の置かれた歴史的な環境のなかで営々たる努力のうえ、なにほどかの痕跡を残していた。その事実に私は少なからず感動した。

本書は、退職後の凡々たる暮らしのなかで、素人仕事ながらまとめたささやかな〝研究〟である。ご一瞥いただければまことに光栄である。

平成二二年三月吉日

中村　忠生

装幀――山口真理子

山形済生館病院初代院長

長谷川元良のこと——目次

第一章　山形に来着する前の長谷川元良

1　戊辰戦争のおり、佐幕方を支援する戦闘組織「迅雷隊」に誓詞血判のうえ入隊したこと

新潟県佐渡出身の明治初期の洋医師・長谷川元良は天保六（一八三五）年九月一日佐渡相川二丁目の漢方医・長谷川元庵の長男として生まれた。幼名を粛《ただし》、字を飲甫《いんぽ》、号を水竹《すいちく》または訥斎《どつさい》と称した。

元良は若い頃、漢方医であった父親の元庵から漢方医術を学び、それを生業《なりわい》としていたようだ。戊辰《ぼしん》戦争（一八六八～一八六九年。薩長土肥を中心とする明治新政権が、親徳川幕府勢力を一掃した内戦）で奥羽越の地が戦場と化した時には佐渡が幕府直轄の地であったことから、佐渡奉行所組頭・中山脩輔《なかやましゅうすけ》（※1）が結成した幕府支援戦闘組織「迅雷隊《じんらいたい》」に誓詞血判のうえ加盟したが、その後、状況的に佐渡が戦闘の舞台となる怖れもなくなったことから、明治初（一八六八）年長崎で洋医学を学ぶため、島を離れた。明治三年に勉学を終え帰島、これからは蘭学の時代ではなく英学の時代であるとの認識のうえ、島内の若者に英語を学ばせようと英語講習所を開設したり、さらに佐渡鉱山の原鉱石の枯渇から失業者が増大していることを目のあたりにして、率先して種々の授産

事業を行うなどの活躍をした。明治七年に長崎遊学時代の師であった長与専斎《ながとせんさい》（※2）が東京医学校の校長となり、長与から、新しい医師養成システム「別課制度」なるものを立ち上げるについて、その制度の教師になって欲しいとの要望があり、応じて再び島を後にして東京に出た。当時は国内各地に洋式の病院は順調に開設されつつあったが、それに対応するための医師が不足するという深刻な状況下にあった。それを根本的に解消するため、洋医師を短期間で養成する別課制度なるものの開設に腐心していた東京医学校校長心得の三宅秀《みやけひいず》（※3）の部下となって働いた。長谷川は実際にどのような肩書きで、どのような職務に携わっていたのであろうか。

別課制度の発足は明治八年五月からで、その間の長谷川の仕事内容を示す肩書きは、日講紀聞《にっこうきぶん》（毎日講義されるものを聞いて記録する仕事）兼病院編集掛あるいは編書課医学教科書校正方となっている。そして山形県公立病院医学寮教師兼病院医師として東京医学校から派遣されていた海瀬敏之《かいのせ》が明治九年五月に二年間の契約期間が満了となり東京医学校に戻ったため、代わって長谷川が明治九年五月に山形県公立病院の院長に迎えられ、山形で足かけ七年の間、種々の活躍をした。明治十五年の秋口に職を辞した後、長谷川は佐渡相川に戻り、私立の総合病院の静修医院《せいしゅう》を開くなど故郷佐渡での医療活動に携わって地域衛生の向上に貢献し、明治二九年四月に六十二歳で永眠した。

以上が長谷川元良のプロフィールであるが、ここで少し補足を要するのは元良の生まれた土地は佐渡ではなく大阪であったということである。

佐渡に残されている歴史資料のほとんどが、元良は佐渡で生まれたと書かれている。しかしながら、元筑波大学の教授で日本近世史研究家の田中圭一先生が著述刊行された『長谷川元良伝――近代医療の担い手』の中で田中先生は、『佐渡相川の歴史』という資料の中に長谷川元良の末裔の方が長野県松代に住んでおられるという記述を見出し、そのお宅を直接訪れて、長谷川家の歴代について書き記した記録帳が代々受継がれていることを見聞したうえで、長谷川元良に関する内容を次のように書き表しておられる。

八代（八代とは長谷川元良を指す）

生国大阪、医を佐藤尚中門に修む、のち文部省に奉職し、山形県病院長となり、明治十五年に帰り開業す。　母は村上氏　長谷川元良と称す。

名顕院文誉清粛膽淡居士　明治二十九年四月三十日　六十二歳　元良

それによれば、長谷川元良の生まれた場所は、佐渡の相川ではなく、大阪と記されている。このことについて田中先生は「元良の母親が江洲（近江の国）三上藩・遠藤但馬守殿藩士・村上真助の長女とあったことに重ね合わせて推測すると、あるいは元良の父親・元庵が西国で医学修業をしていた時期があり、その間に村上氏の娘と結婚して元良が大阪で生まれたということなのかも知れない」と語っておられる。

【著者註】
三上藩は石高一万二千石で、近江の国滋賀郡内二十七カ村を領有した譜代の小藩であった。

その後、元良の父・元庵は佐渡に戻り漢方医術を業としていたが、その腕前はとりわけ優れたものを持っていたわけでもなかったようだ。いわば人並みで、島内でも名医の分には数えられなかったようである。そして万延元（一八六〇）年四月十日、六十二歳で亡くなっている。元良の母、郁子は先記の如く近江の国の出であるが、明治二六年九月十五日、七十九歳で没した。当時とすればかなり長命であった。元良の妻は佐渡・赤泊《あかどまり》村《むら》本陣の佐藤勘十郎の娘でスミという名だが、資料によっては、すずと記されているものもある。大正六（一九一七）年七月まで長生きをして八十歳で没した。元良には男の子が二人いたが、医を業とすることなく、長男は島を離れ長野県の松代に移り住み、次男は島内の他家の養子となり長谷川の戸籍から離れている。

元良は幼少より佐渡に住み、父元庵から漢方医術を習っていたと思われるが、少年時代から青年時代にかけての、特筆されるようなエピソードらしきものは語り残されていない。ただ、前出の記録帳の中に、元良は佐藤尚中《さとうたかなか》(※4)門に修むとあり、従って長崎に赴く前にもある程度洋医学についての知識能力も蓄えていたことも想像出来るが、その入門の時期や修学年限がはっきりしない。

明治元年には朝廷を中心とした新しい国造りを目指す人々と、徳川将軍家を守ろうとする人々の間に内戦が起こった。いわゆる戊辰戦争である。戦いは朝廷方が有利に展開し、越後や奥羽の地にも官軍（朝廷側の軍）が攻め込んできて戦場となった。これが戊辰戦争・奥羽越の戦いである。

長谷川元良の住む佐渡も戦乱に巻き込まれる要素が大きい地であった。

佐渡は金鉱を産出する島であるが故に、昔から幕府直轄の地、天領であった。

その頃の鉱山は鉱脈もすでに枯渇しており、魅力ある鉱山ではなかったが、それでもその場所を占有したい気持ちは朝廷方も幕府側も同様であった。慶応四(一八六八)年閏《うるう》三月に佐幕方会津藩の使者が来島して、佐渡に兵二大隊が渡航することを承諾せよと迫った。

同じ頃、朝廷側の北陸道鎮撫総督の高倉永祐は越後の高田まで進駐して来ており、書面で佐渡奉行に高田まで出頭するよう命じてきた。これに対し佐渡奉行所側は佐渡を戦火から守るため、両軍に対し佐渡鉱山の実情を説明し、佐渡鉱山の金脈はすでに枯渇し、島を占拠しても何の足しにもならぬ旨を説明することで混乱を避け、佐渡を戦火から守ろうとした。このような時、佐渡奉行の鈴木重嶺は江戸に赴きそのまま職を辞してしまった。そうしたことから佐渡に残った組頭・中山脩輔が佐渡治政の全責任を負うことになった。

中山は対岸（越後の国）の情勢をみながら、島民が結束して事にあたる必要性ありと考え、従来より佐渡が徳川直轄の地であったことなどを基本にしながら佐幕党を旗印にすることが得策とし、地役人や島民からも同志を集めて「迅雷隊」なる佐幕派の戦闘集団を明治元年閏四月十一日、隊員等の誓詞血判のうえ、勇ましく立ち上げた。この集団に三十三歳の長谷川元良も誓詞血判のうえ、加盟したのである。この集団に加盟した医師は長谷川元良のほか計三名であった。

長谷川は、万一戦闘が始まった場合の戦傷者の介護治療等を想定して入隊したものであろうか。ただしこの時期での長谷川は父元庵から習い覚えた漢方医術をもって医師と名乗っていたのか、それとも、長谷川家代々の記録帳に佐藤尚中門に修むと記されていることから、あるいは洋医としての認識があったのかはっきりしないが、この時期には医師免許制度の如きものは未だ整備されておらず、漢方・洋方の医師が混在していた時代で、長谷川も父から教えられた漢方医術を以って医師を名乗ればそれで済んだ時代でもあった。

余談ながら当時の医師免許制度は次のようなものだったらしい。

医師の免許制度は、明治七年発布の「医制」第三七条に基づき、翌八年から「自今新ニ開業ヲ請フモノ」に対し、まず東京、京都、大阪の三府において医術開業試験の実施が達せられ、合格者には「右何科醫術開業免許候事」という開業免状が授与された。明治九年一月には内務省より「医師試験規則ヲ定ム」が達せられ、明治十七年に「医術開業試験規則」に基づく試験が実施されるまで、各府県下で医術開業試験（所謂「旧試験」）が行われた。また明治十年以降は奉職履歴医、東京大学・外国大学医学部卒業者にも出願により免状が授与（下付）されることになった。（『明治八年から十六年までに実施された内務省医術開業試験について』 樋口輝雄著）

長谷川もこの制度により履歴医として明治十年に内科、外科の免状を受けている。

迅雷隊隊長の中山脩輔は若い頃、緒方洪庵《おがたこうあん》（※5）の適塾で蘭学を学んでおり、開明思想の持主であった。元治元（一八六四）年、佐渡奉行所組頭として来島し、佐渡奉行の鈴木重嶺をよく補佐していた。

中山は佐幕の旗を掲げながらも、徳川家のために渡海（本土の土を踏むこと）はせず、あくまでも局外中立の立場で見守っていた。迅雷隊の幹部であった山西百太郎（後に敏弥と改名）は、後日、当時の様子を次の様に語っている。

「同盟血判」後は地役人の本務を離れ、武術の研究を専務とせり、しかし、中山氏をはじめ小頭の三名は武器の用法さえ熟知する者なく、毎朝の調練は児戯に異なることなし。依って余は無断欠勤月余に渉れり。かかる始末なれば、同盟諸氏はただ撃剣にのみ精励して威風凛然の態を粧ふといえども、同盟の精神は大半すでに消耗しつつありしならんか。

長谷川が迅雷隊に加わりながら、組織を離れて長崎に赴いたことについては特に記録資料等はないが、迅雷隊の戦闘実技を指導する立場にあった山西百太郎の後日談によれば、山西は隊員の指導を放棄して長谷川清次郎という隊員と共に佐渡を抜け出し、会津軍に加わったという。この記述が山西敏弥著『幕末遭難記』（舟崎文庫刊）から相川町発行の『佐渡相川の歴史通史編　近・現代』に転載されている。
　また、迅雷隊の隊長中山も緒方洪庵の適塾に学んだこともある人物であり、長谷川元良が洋学知識を学ぶため長崎に出向くについても、特に反対はなかったと考えられる。

【註1】　中山脩輔（なかやま・しゅうすけ）　天保三（一八三二）年～明治三三（一九〇〇）年。
　武蔵の国にて川崎平五郎（水野主膳正の家来）の子として生まれる。文久三（一八六三）年、清川八郎らの浪士招集の取締下役をつとめ、のちに神奈川奉行支配定番役・新徴組支配定番となる。蘭学を緒方洪庵に学び、開国論者であった。元治元（一八六四）年五月二二日、佐渡奉行支配組頭となった。明治維新に際し、奉行鈴木重嶺が江戸に去った後、局外中立を唱えて佐渡を戦禍から守った。その後明治五年茨城県下の新治県参事となり、明治八年茨城県権令となったが翌年辞職。明治三三年六十九歳で没。

【註2】　長与専斎（ながよ・せんさい）　天保九（一八三八）年～明治三五（一九〇二）年。
　長崎生まれの医師・衛生行政家。父は肥前大村藩医。安政元（一八五四）年、緒方洪庵の適塾に入門し、のち塾頭となる。万延元（一八六〇）年、長崎に赴き、ポンペに蘭医学を学んだ。明治四年上京し、文部小丞となり岩倉遣欧使節団に随行して渡欧。西欧の医学教育を視察・調査した。帰国後、文部省医務局長となった。同八年、内務省衛生局の初代局長となる。司薬場の建設、医

制の制定、防疫、検疫制度の導入など、わが国衛生行政の基礎を築いた。元老院議官、貴族院議員などを歴任。回想録『松香私志』がある。

【註3】　三宅秀（みやけ・ひいず）　嘉永元（一八四八）年～昭和十三（一九三八）年。
　明治から昭和初期にかけて医学教育・公衆衛生・医療行政に寄与した医師。東京生まれ。父は蘭医三宅艮斎《ごんさい》、幼名復一。文久三（一八六三）年、幕府の遣欧使節に随行してフランスに渡り、帰国後、横浜英語学校に入って、ヘボン、ウエッドルから英語・医学を学ぶ。慶応三年加賀藩に聘せられて金沢に行き、英語・算数を教える一方、オスボンより仏語を習う。明治三年大学出仕となり、大学中助教・東京医学校長心得を経て、同十四年東京大学医学部長。同十九年帝国大学医科大学長兼教授となり、病理学を主に診断学・法医学・医史学などを講義して医の倫理を論じ、医学教育と医療行政の確立につとめた最初の医学博士。『病理総論』をはじめ著書論文など多数。昭和十三年九十二歳で没。

【註4】　佐藤尚中（さとう・たかなか）　文政十（一八二七）年～明治十五（一八八二）年。
　下総・小見川の藩医山口甫僊の次男として生まれ、早くして江戸に出、安藤文沢につき医学を修め、のち佐藤泰然についた。天保十三（一八四二）年、泰然に従い佐倉に赴いた。嘉永六（一八五三）年、泰然の養子となり、安政元（一八五四）年に佐倉藩に出仕、同六年、泰然が家督を譲り尚中が第二代佐倉順天堂主となった。万延元（一八六〇）年、藩命により長崎に留学しポンペについて学んだ。文久二（一八六二）年、佐倉に「済衆精舎」を設立、医学を教授。明治二年東京に

出て大学東校の主宰として活躍。大学大博士、大典医大学大丞となり、わが国医学界のリーダーとなった。しかし、お雇外国人医学教師ミュラーやホフマンとの教育方針の意見の相違から明治五年大学を辞し、翌年下谷に順天堂を建て、さらに同八年に本郷に移転して順天堂大学の基礎を築いた。明治十五年七月二三日死去。

【註5】 緒方洪庵（おがた・こうあん） 文化七年（一八一〇）年～文久三（一八六三）年。
　備中国足守藩士・佐伯惟因の三男として生まれる。文政八（一八二五）年、父とともに大阪に出、翌年に蘭学者・中天游に入門した。天保二（一八三一）年、江戸の坪井信道塾に入り、信道の師である宇田川玄真にも学び、蘭書翻訳の力を蓄えた。天保七（一八三六）年、長崎に遊学。天保九年に大阪に適塾を開き、医業とともに蘭学教育に専心。近代日本の建設に寄与した多くの人材を育成した。また、牛痘接種法の普及やコレラの治療にも成果をあげた。文久二年、幕府奥医師・西洋医学所頭取となるが、翌年喀血により急死した。

2　長谷川元良、長崎遊学から戻り佐渡に新しい西洋文化を広めんとすること

長谷川元良は佐幕支援戦闘集団「迅雷隊」に加盟したものの、隊長の中山は最初から本気で戦うつもりはなく、佐渡を戦火から守ることを第一義に振舞っていたし、またその集団の戦闘能力は先述の中西百太郎の言の如く、ほとんどその用をなさないもので

あった。そのようなことから明治の初年、長谷川元良は佐渡を後にして九州・長崎に洋医学の研鑽に出向いたのである。そして明治三年の夏、佐渡に戻っている。その後、長谷川の佐渡での活躍が始まるのである。その働きは、病院の建設・英語講習所の開設・授産事業への関与・洋医学の門下生を指導することなどである。なかでも英語講習所の立ち上げについての奮闘努力の様子は佐渡に残されている諸資料の中にも詳しく書かれ、多くの人々に賞賛されている。

そこでそれらの働きのうち、英語講習所開設についての活躍を少し述べてみたい。

わが国は江戸時代から長い間、鎖国政策をとり続け、海外の様子などは例外的に半ば開国の状態にあったオランダを窓口として知る以外になかった。そうしたなかで嘉永六（一八五三）年六月三日夕刻、相模の国（神奈川県）の浦賀沖に四隻の黒船がその姿を現したのである。アメリカ合衆国・東インド艦隊司令長官ペリーが率いる軍艦（二隻は蒸気船、二隻は帆船）で、わが国に開国を迫った。

そのことがきっかけとなり安政元（一八五四）年、江戸幕府とアメリカ使節ペリーとの間で日米和親条約（神奈川条約）が結ばれた。さらに続いてイギリス、オランダ、ロシア、フランスとも同様の条約を結んだ。これを総称して安政の五カ国条約と称している。その内容は外交代表や領事の駐在、函館・神奈川・長崎・新潟・神戸の開港、江戸、大阪の開市、自由貿易の原則、領事裁判権などで、内容的に日本側が不利な条約であったため、後に条約改正の運動が朝野に起こった。

それまではオランダのみがわが国との外交の出来る唯一の国で、長崎の港内に出島と称する埋め立てによる地所を造成し、そこをオランダ人居留地として貿易活動を行い、長崎にはオランダ通詞と称する通訳が活躍していたが、わが国が開国に踏み切ってからはオランダ語の必要性もあまりなくなり、代わって英語の必要性が求められてきた。そのような変化の中でオランダ通詞たちも改めて英語の勉強をせねばならぬことになったのである。

長谷川元良は明治初年に勉学のため長崎に赴いた。そして長崎府医学校（頭取医師・長与専斎）に学び、その後名称を変えた長崎県医学校（校長・長与専斎）に学んだと推される。そして鎖国が解かれたことによる混沌とした長崎の街をその目で見聞きし、さらに日本に初めて出現した西洋式近代病院である長崎養生所をも目にしながら勉学を続け、明治三年の夏頃佐渡に戻ってきた。勿論、これからの時代は蘭学ではなく、英語を駆使する英学の時代であるとの認識を新たにして帰ってきたことが、佐渡での英語講習所設立のきっかけになるのである。

こうして新潟は和親条約に基づき、他の四港と共に開港場に指定された。

ところが新潟港は水深が浅く、大型の船舶の入港に不適切であった。そこで対岸の佐渡島の夷港《えびす》（現両津港）が水深もあり、大型船舶の入港停泊が出来る港であったことから大型船舶は一旦夷港に入り、そこで積荷を下ろし、その荷を小型船舶に積み替えて新潟港に運ぶという手順が採られていた。以上のような事情から、外国船の出入りがあった各開港場には、通弁（通訳）が在勤していたが、新潟港には通弁はおらず、佐渡の夷港に駐在していた。夷港駐在の通弁は河合美成（東京出身で愛知県から転勤してきた）という人物で、新潟港は開港場にはなったものの荷物の揚げ下ろしが不自由で、通弁としての河合はあまり活用されず、比較的暇であった。それを知った長谷川は、英語学校を設立したいのだがその教師になって欲しいと頼み込み、河合は承諾した。

以上を踏まえ佐渡・相川県権知事の新《あたらし》五郎に英語学校設立の許可を願い出、その許可を得た。しかしながら、当時は英語の書物は少なく、『英語入門』の如き書物は東京にしかなく値段も高かった。教師となった河合は自費で木彫りの活字を彫らせ教科書を作ってみたが、大量の印刷をするには無理があった。金属活字を横浜に注文しようと長谷川に相談したが、とても高価で入手できなかった。そのようなことから金属活字を佐渡で鋳造する計画を立て、長谷川と河合は権知事の新を訪ね相談をした。権知事も二人の熱意に感じて一緒になって技術者探しに東奔西走し、石橋良益という元鉱山用の硝石

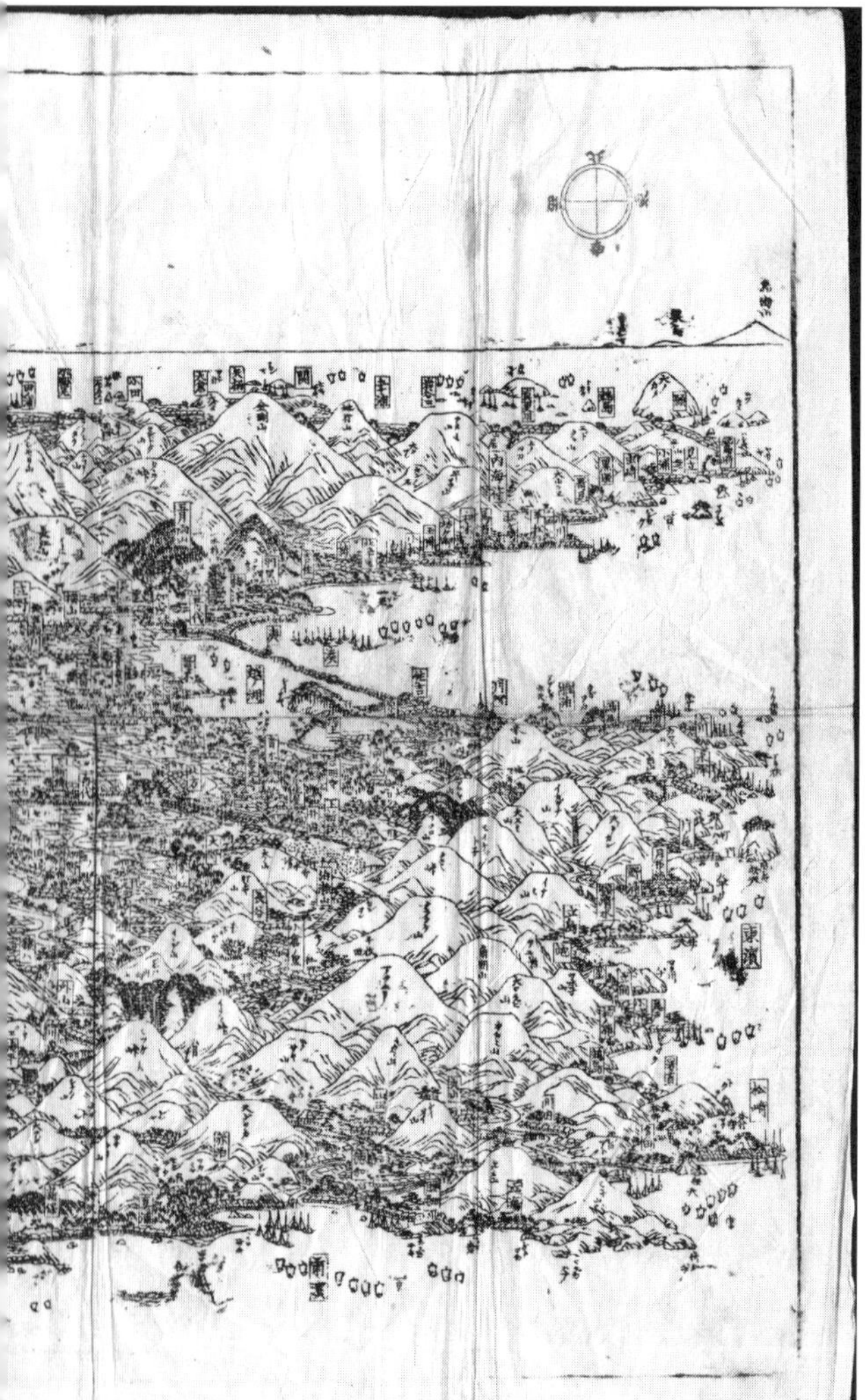

佐渡一国山水図　天保十三（一八四二）年（明治六年再刷）

著者宅に代々伝わっていた地図

精錬方につとめていた人物を見つけ、河合に『アンチモニー鉛合剤の法』を翻訳してもらい、また杉田玄白の孫にあたる杉田成卿先生蘭訳の『万宝玉手箱』などを参考にして活字鋳造の研究をした。鋳物師・惣十郎と鍛冶屋の平野啓造を助手として苦心の末、明治五年七月ようやく完成した。

ところで、活字は出来たがこれを印刷する用紙がなかった。そこで仙果紙にドウサ（礬沙汁＝紙や絹の表面に引いて墨インクなどのにじみを防ぐもの）を引いてインクがにじまないよう工夫した。インクは栗の木の皮と硫酸鉄をまぜて作った。

これらすべて長谷川とそのスタッフの苦心と努力の結果であった。

相川県が正式に生徒募集をしたのは明治六年二月であった。この募集によって百人余が入校したといわれている。

その後、長谷川は東京医学校の教師に招かれ、明治七年の秋に後事を河合に託し上京した。河合は前にもまして熱心に授業に取り組んだが、肺結核にかかり死去した。その後、秋田県出身の近藤真良が教授に任命されたが、河合ほど人気がなく生徒も退校する者が出てきて、英語学校は廃校となった。

3　東京医学校の教師の職に就いた長谷川元良

長谷川元良は明治七年に佐渡の相川を離れ、東京に出た。

長崎遊学時代の恩師で東京医学校校長の長与専斎から、今度新しく発足させる「別課制度」（短期間で洋医師を養成する仕組み）の学生を教える教員になって欲しい旨の要請を受けたのである。長崎でわずか三年足らずの洋医学の勉学をしただけで医学校の教員がつとまるとはやや意外のように思われるのだが、長谷川は明治以前にも佐藤尚中門に洋医学を学んだことがあり、常日頃から洋医学の勉学に努力していたと思われる。

別課制度の教育方法は日本人の教師が日本語で教え、修業年限は三年であった（本科の授業は外人の医学者が原語教科書を用い原語で講義をする方式で、修業年限は五年）。長与は長谷川が洋医学の能力もありさらに漢詩漢文の素養もあったことから、日本語で講義をする教師として適任と捉え、招いたものと考えられる。

東京医学校とは幕府の医学所を源流として、明治二年医学校と名を改め、その後、大学東校・東校・第一大学区医学校などと称号を変えながら、明治七年、東京医学校となり現在の東京大学医学部に続いている。わかりやすくいえば東京大学医学部の前身といっていいだろう。

ここでいう別課制度とは、西洋医を速成するコースであり、「本課」は外国人教師による原語での授業であったのに対し、「別課」は日本人教師が日本語で授業を行った。東洋医学（漢方）から西洋医学へ、医療の方向が大きく変わるという時代の流れの中で、洋医師の不足をすみやかに解消するために設けられた特別な制度である。当時、各県が競って病院を開設し、東京大学医学部に医師の斡旋を求めてきたことも、西洋医の速成が必要な原因となっていた。

こうした動きについては、幕末から明治にかけてのわが国洋医学界の重鎮・三宅秀先生の事績を顕彰して、その縁につながる方々の手になる文集『桔梗』という豪華装丁本があり、その中に次のような別課制度なるものの始まりについての記述がみられる。

「……ミュラー（※6）等（もう一人はホフマン（※7））は明治四年から三年間、外国人お雇教師として東京医学校の教壇に立ち、日本人学生に近代医学教育はいかにあるべきかを教え、その基本に忠実であった。そのため明治維新後、急速に西洋化をはかるべく多くの西洋医を短期に養成しようとした日本側の考えとの間にギャップが生じた。その意見の食い違いのためか、明治五年、大学東校（東京大学医学部の前身）の主宰者であった佐藤尚中は大学を辞め、私立病院・順天堂の設立へと方向転換していったのである。」

当時、お雇外国人教師と学校側との雇用契約を結ぶ条件の中に、教育指導についての全権限は、外国人教師が日本人教師の上にあるとし、日本側はその方針に反することは出来ぬようになっていた。従って別課制度も、彼らお雇外国人教師の教育方針にそぐわぬシステムであり、明治七年八月、彼ら外国人教師が契約満了になるまで、陽の目を見ることはなかったのである。

しかし、ミュラーらとの契約期間が満期になると、医学校は直ちに医師の促成手段である別課制度を導入した。これは佐藤尚中が切望していた制度である。

三宅秀はその意志を受け継ぎ、明治七年十月、東京医学校校長心得となり、二等教授（当時の教授陣の中では最高の肩書き）に任ぜられてからは積極的にこの制度の開設に尽力した。そして同制度は、明治八年五月から開講したのであった。

ちなみにこの時の東京医学校の校長は長与専斎であり、長谷川元良の長崎留学時代の恩師でもあった。

したがって、長谷川の能力をよく知る長与専斎が、日本語で教授する別課制度の教員として長谷川が適役の人物と捉え、佐渡相川から東京医学校に呼び寄せたうえ、校長心得であった三宅にその身柄を託したのであろう。

以上のような経過を経て別課制度による学生の教育が始まり、長谷川はその教壇に立つことになった。ちなみに山形県公立病院医学局に学び、後に顕微鏡学の権威者として名を成した遠山椿吉博士も、この制度の第六回（明治十六年一月）の卒業生である。

日本医史学会の蒲原宏先生は、『新潟県大百科事典』の長谷川元良の項の中で、「長谷川元良は三宅秀の助手となった」と記されている。医学校の職制のなかに助手という正式なポストがあったかどうか定かではないが、長谷川は三宅教授の別課制度を広めるための片腕的存在であったという意味で、蒲原先生は、そのことを「助手」という表現をされたのかもしれない。

それはともかく、長谷川はこの時期に、外国人お雇教師のミュラーやホフマン、あるいは新任のウェルニヒ等から洋医学の指導を受けたわけで、この体験が、後に山形で一緒に仕事をすることになった、お雇外国人教師ローレッツとの意思疎通にも役立つことになったのであろう。

ミュラーとホフマンは明治七年八月が任期満了だったが、当時の政府高官であった木戸・三条・岩倉・西郷等の診察や治療を行っていたことから、改めて宮内庁との雇用契約を結び、明治八年十一月まで日本に滞在し、併せて東京医学校での授業も行ったのである。ただし、この期間は医学校の雇われ教師の身分ではなくなったため、学校の中で日本人教師の上に立つという絶対権はなくなっていた。

【註6】　ミュラー（ベンジャミン）　一八二四年～一八九三年。
お雇ドイツ人医師第一号として明治四（一八七一）年、ホフマンとともに来日。わが国に組織的な近代医学教育の路線を敷き、その後の日本医学の性格をほぼ創りあげた。一八六九年、わが国は医学の範をドイツに採ることにし、プロシア政府指導者二名の派遣を依頼したところ、まず推挙されたのがミュラーであり、あとの一人の選択は彼にまかされた。出発直前に普仏戦争が起こって来日は二年遅れ一八七一年七月となった。彼らが行ったのは軍医学校の教則に準ずるドイツ式医学教育で、学生を厳選し、予科三年本科五年の本格的カリキュラムを組んだが、学生の基礎医学教育が不十分であることを知り、教師の首班として学則制定に関与し、日本人医師の意見には耳を貸そうとしなかった。彼はまた天皇の侍医であり、東京大学との契約期限が切れた後、宮内庁のお雇いとなり、一八七五年ホフマンと共に帰国した。

【註7】　ホフマン（テオドール）　一八三七年～一八九四年。
ドイツ海軍軍医で一八七一年、ミュラーと共に来日。ミュラーによく協力し、彼と行動を共にしたが、ミュラーより十三歳年下で、主導権はミュラーが持っていた。脚気について研究し『日

本の脚気論』の論述がある。帰国後開業医となり、一八九四年四月一日ベルリンで没した。

4　長谷川元良、山形県公立病院の院長に招聘される

明治九年五月、長谷川は山形県公立病院の院長として招聘された。

当時の日本では各県で病院が設立されつつあったが、それに対応すべき医師が不足していた。山形県公立病院医学寮の場合は、海瀬敏行が東京医学校から派遣され患者の診療や医学生の授業を行っていたが、明治九年五月で任期満了となって医学校に戻ることになり、その後任として長谷川に白羽の矢が立ち、院長に迎えられたのである。

その当時の日本医学界の動向について、長与専斎が書き残した自伝『松香私志』に述べられているのでその部分を転記する。

「この際にありてもっとも人意を強からしめたるは地方の病院にてありき。いずれの地方においてもすでに廃藩の当時より良医の欠乏を告げ、牧民の職(人民を治めること。地方長官の異称。著者註)にあるもの、ことにこれを補うの必要を感じければ、都下の医師を聘して病院を設置すること一時の風潮となり、十年の頃にはほとんど病

院のなき府県なく、院長の選択招聘を衛生局に請求するものひきもきらざる有様なりき。時こそよけれ、この頃より大学卒業の医学士は年々彬彬《ひんぴん》（うるわしく調いたる貌《かたち》の意。著者註）として世に出で来たれり。衛生局にてはかねてより医学生中、成器の見込みありて学資に乏しきものをば内務省の貸費生となし、卒業の後には本局の指揮に従うべき約を結び置きたりければ、その人々を派遣して地方官の需《もと》めを充たしつつ貸費生にあらざるも進みて地方の聘に応ぜんと欲するものまた寡《すく》きにあらざりき。かくて数年を出でざるに医学士の称号を有する人々ようやく地方に行き渡り、京都その他岡山・福岡・名古屋・金沢・千葉等の如きはみな数名の学士を聘し、病院のかたわら医師養成のことも兼ね行いて自然、医学校の体裁を容つくり、其の他の地方これに倣うもの多かりけり。されば、内務省は文部省と協議して地方の医学校を甲乙の二種に分かち、これが資格を定めて両省の監督に属し、甲種学校を卒業したる者には大学卒業生と同じく試験を用いずして開業免許を付与し、乙種のものには内務省の試験を受けしむることとなれり。かく医学志願者に便を与えると同時に多数の卒業者及第者も出で来たりしかば、次第に医師の資格も定まり、その欠乏をも補いて世間の苦情を和らげ得たりき。社会一般の情勢とても世の開けゆくに従い学問の性質、医師の職分、おのずから明らかに知れ渡り、さしも強かりし漢医者流の反抗はいつしかその勢を殺ぎつ、後年帝国議会の開ける時、漢医継続問題なるもの幾度か衆議院の議題に上がりたれども、ついに成立を見ずして跡を潜めき。」

このようにわが国の当時の医界の実情を見ると、都市部においては、病院の開設、医師の確保もほぼ順調であったが、地方ではなかなか思い通りにならず、問題視されていた。政府は医師を短期間で養成するため、別課制度の導入や、学資の乏しき学生に資金を貸し出して勉学を続けさせる「貸費生制度」を設け、卒業生の地方への派遣等、相応の対策を講じた結果、地方医界からの苦情は徐々に緩和されつつあった。長谷川も、その時流に沿う形で一地方の医療機関・山形県公立病院の院長に就任したものと見られる。

第二章　山形県公立病院の大増築計画

1　三島通庸、新山形県の県令に就任し、公立の新病院を県立とし、さらに増築のうえ大規模化の構想を打ち出す

明治九（一八七八）年五月、長谷川元良は東京医学校から山形県公立病院へ転じ、院長に就任した。

同病院の始まりは、明治六年八月、天童や山形の有力者たちが、私財を投じ天童に私立病院として開院したものである。しかしながら費用の賄いが不充分であったため、県への移管を目論み、交渉した結果、公立病院とする認可を得た。経営については、県が毎月百円ずつの補助金を出すこととし、施設は山形七日町の元本陣・小清水俊三宅に移転して、明治七年一月八日、山形県公立病院として開院式が挙行された。

ところがこの病院は、明治八年二月の積雪で医学寮が倒潰、同時に火災が生じ病院も類焼してしまった。そのため、仮の病院と医学寮を旅篭町の後藤小平治宅に移す一方、明治八年三月から香澄町の旧三の丸大手塁側に新病院の建設が開始され、翌九年九月に竣工した。

長谷川元良は、この新病院の完成が間近になった明治九年五月に院長として招かれ着

任したのである。それより少し遅れて同年八月、三島通庸《みしまみちつね》（※1）が新県令（現在の知事職）として鶴岡から山形に赴任して来た。現在の山形県は明治九年八月に、置賜《おきたま》県と鶴岡県と山形県の三県が合併統合されて成立したもので、県令として、それまで鶴岡県の県令であった三島通庸が就任したのである。就任早々、三島県令は建築竣工したばかりの病院を視察し、その規模がすこぶる貧弱なものと受け止め、早速それをさらに大規模化、近代化する構想を打ち出した。

このことは、後藤嘉一氏著の『済生館史』（昭和四一年発行）には次のように記述されている。

　「新県令三島通庸は赴任と同時に新築の病院を視察し、その構造があまりに小さく、設備も不完全なのを見て、さらにこれを増築しようとした。何事につけても派手で文明開化をとり入れることの好きな三島県令は、新県庁はじめ諸官庁を西洋造りにすべく設計していた矢先でもあり、病院も、毎月、県から百円の補助金を出す形での公立病院ではなく、純然たる県立とし、人目を驚かすような西洋造りを建てようとしたものらしく、この旨を館長長谷川元良等に諮った。長谷川館長も大いに喜び、病院を県立とし、単に医師の養成、有料患者の診察ばかりでなく、これを

『救済院』として一つの社会事業施設とするよう献策し、その増築費用に充てるため、館長以下病院に勤務する者一同が各々一カ月の俸給全額を寄付することを申し出た。」

この時点では、病院にはまだ「済生館」という名称はなく、上記文中に「館長」とあるのは院長のことであり、著者の勘違いであろう。【著者註】

ちなみに病院の維持経営について、明治七年四月に仮規則を定めているが、その病院仮規則は一四六条からなる緻密なものであり、その第十九条は次のような内容になっている。

第十九条　病院ノ設立ハ本、仁恵ノ意ニ出タルモノナレバ、独リ病ヲ救フノミニアラズ、貧モ亦之ヲ救ハザルベカラズ、故ニ十年ノ後ニ至リ、社中ノ都合ニ寄リ万一不慮ノ禍ニ遇ヒ、家産蕩尽スル者アルトキハ、其ノ永借ノ証書ヲ差シ戻シ、之ヲ救助スル事　但、十年以内ハ仮令不慮の禍ニ遇フトモ其ノ救助ヲ受クルヲ得ザルコト

つまり、「医は病気を治すだけでなく、貧を救けねばならぬ」と規定しているのであ

る。

院長の長谷川元良が、病院を「救済院」として一つの社会事業施設とするように献策したのは、右の仮規則を土台としてのことであろうが、長谷川は郷里の佐渡相川で鉱山の衰退に伴って失業した労働者など貧困階層の人々を救済する医療体制の整備や、授産事業に携わってきた経験を踏まえての献策でもあったと思われる。ただし、その後病院が、社会事業的な分野で具体的活動をしたかどうかは、はっきり判らない。

そして病院大増築計画の着工から竣工に至るまでの経過は『済生館史』の中で次のように記されている。

「明治初年の洋風建造物として、その保存問題が論議されている済生館三層楼（結果的に昭和四一年、国の重要文化財に指定され、取り壊しを免れ現存する）の建築は明治十年七月、山形県一等属・筒井明俊及び長谷川元良の二人が上京して、東京大学医学部病院・陸軍病院・横浜英国海軍病院等を視察し、かつ、諸大家の説明を聞き、これを考証して、筒井明俊が平面図を作成し、翌十一年二月、山形県十等出仕・原口祐之を棟梁の責に任じて工を起こし、同年九月竣工、十二年一月八日、開院式を挙行した。」

つけ加えれば、「済生館」という称号は、時の太政大臣三条実美に依頼して名付けてもらったらしく、それ以後「済生館病院」が正式の称号となっている。

蛇足ながら、済生館病院建設に関連する諸記述の中には、その建築経過について「西洋建築など見たこともなく、ましてや、建てたこともない大工棟梁の原口は、筒井や長谷川と共に上京して、諸建築物に接し、その技法を学んだのではないか」と推論している資料もある。このことについてはやや記述者の調査不足があり、原口は田舎大工の棟梁などではなかった。

原口は薩摩藩士で三島県令の腹心の部下であった。その職歴には、明治四年十月大蔵省土木寮権中属（四十八歳）という肩書きがあり、竹橋（近衛）陣営建築や、東京銀座街大火災（※2）の復興工事、銀座煉瓦街の建設工事に携わっている。銀座煉瓦街は日本初の近代都市街路である。

【註1】　三島通庸（みしま・みちつね）　天保六（一八三五）年〜明治二一（一八八八）年。鹿児島県出身の明治藩閥政府の官僚。戊辰戦争に従軍。のち酒田県令、山形県令を経て明治十五年福島県令、同十六年栃木県令を兼ねた。

この間、県民の労役による土木工事を強行して鬼県令といわれ、福島事件では自由党員を弾圧。明治二十年警視総監となり、三大事件建白運動では保安条例による大弾圧を行った。ただ東京銀座街の火災後の復旧工事についてヨーロッパ風の近代的な技法を採り入れるなど、あるいは当時まだ田舎町であった山形に、県庁、学校、病院など洋風の近代的建物を建設し、市街地の近代化を図ったことなど認められてしかるべき功績もあった。

【註2】　東京銀座街大火災（通称：和田倉焼け）

明治五年二月二六日、和田倉門内で発した火は、丸の内・銀座・築地一丁目をなめ尽くし四八七四戸の家屋が灰塵に帰した。この火事をきっかけに、その復興には煉瓦造りの家屋を建て、道路は煉瓦で舗装し、車道と人道を分けて街路樹を植える等、欧米様式が採り入れられた。原口はこのような復旧大工事にも技術者の一人として参画していたのである。従って山形県公立病院大増築工事についても、十分な知識と力量を備え、その工事の中心となって働いたといえるであろう。

2　県令発想の病院大増築計画の具体化と、その計画に関わりあった配下の人々

三島県令は明治十年五月二一日、山形県一等属・筒井明俊を病院建築掛に任命、同年

七月二五日に長谷川元良院長と共に西洋文化導入の先進地域である京浜地方の実情を視察見学に赴かせた。

ここで考えたいのは、出発に先立って、どのようにして訪問予定の病院が決められたのかということである。行きあたりばったりで出かけたのでは用が足せるわけがないのは当然である。しからば、どのようにして訪問予定先の病院を決めたかについて推論を試みる。

筒井が病院建築掛に任ぜられたのは、先記の如く明治十年五月二一日であり、そして長谷川院長と連れ立って京浜地方の近代的病院見学へ出発したのは同年七月二五日である。五月から七月にかけての約二カ月の間に種々検討のうえ、訪問見学すべき病院を決めたことになる。それでは誰がどのような方法で訪問先病院の選定作業にあたったかだが、やはりその目的内容からして、山形へ赴任する直前まで東京医学校（東京大学医学部の前身）の教員であった長谷川院長が軸となり、三島県令を取り巻く有能なる配下たちが検討しあった結果と考えたい。長谷川院長は、山形に赴任する直前まで、当時の医学界の重鎮、東京医学校の幹部教授・三宅秀の有能な部下であったから、三宅にその辺の事情を説明し、参考とすべき病院の選択を依頼し、紹介してもらったのであろうことは充分考えられる。その結果を基本として、訪問先の病院が絞り込まれたのであろう。

そこでこの病院大増築計画に関与したと考えられる人たちの名前を挙げてみる。

長谷川元良

院長として、事を具体的に進めなければならない当事者であり、山形に転ずる直前の勤務先である東京大学医学部や、師であった三宅秀とのつながりを生かして、実務的な作業の中心にいた。

筒井明俊

本来事務系の職員だが、増築前の公立病院を建設する際にも病院建築掛に任ぜられており、病院建設についての知識は多少あると見られ、三島県令の信任が厚かった人物である。

原口祐之

元薩摩藩士。東京府の役人であった三島通庸の部下として、明治五年二月二六日に発した東京銀座街大火災の復興に、イギリス人のお雇建築技師ウォートルスと共に携わった。明治八年十二月に三島が鶴岡県令に就任すると、その後を追うように明治九年二月鶴岡県九等出仕となり、明治九年八月二二日、三島が統一山形県の県令に就任するに及んで、原口も明治十年二月二六日、山形県四等属として統一山形県の職員となった。山形県公立病院大増築工事について棟梁に任ぜられ、その力を発揮した。

薄井龍之

統合前の山形県の参事で、三県統合後の県都を旧山形県の中に置くべきことを三島に進言した人物。かつて北海道開拓次官の黒田清隆の配下として北海道の開発事業に携わり、都市づくりに奔走した。札幌市街地の造成は薄井の功績とされ、札幌の繁華街・薄野は薄井の薄の字を用いて名付けられたものらしい。

海江田綱範

元薩摩藩士。明治六年四月、教部省十三等に出仕、明治十年二月、三島県令に招かれて山形に赴任し三島県令に仕えた。資料によれば「山形県公立病院増築係」として働き、それが終わると、三島県令が新たに起した「関山新道開鑿係」に任命され、先頭に立って活躍した。三島の意のままになる良吏であった。三島が福島県令に転ずるに及んで福島に転じた。

河野通倫

元熊本藩士で山形県大属。薄井龍之らと共に長谷川元良を病院長に招く工作をした人物で、明治八年二月、病院・医学寮が火災により焼失してしまい、新たに病院

（済生館を建てる前の小規模な病院）を建築する際に、筒井と共に建築掛に任ぜられていた。

3　長谷川元良と病院建築の関わり合い

長谷川元良は山形着任後間もなく、山形県公立病院の大増築という大仕事に出くわすのだが、そもそも長谷川元良の経歴には病院や医学校の建設につながる事柄が多いのである。

長谷川は明治元年の秋口に故郷の佐渡相川を離れ、西洋医学を学ばんとする者にとってメッカともいうべき長崎に遊学した。

当時、長崎の出島の前にあった長崎奉行所西役所の中に医学伝習所があった。わが国はオランダに海軍伝習（教育）を要請し、安政四（一八五七）年、その第二次派遣教官団三七名がヤパン号（後の咸臨丸）で来朝したが、わが国からの伝習要請項目に軍陣医学（※3）も含まれていたことから、隊長のカッティンディーケはオランダ海軍二等軍医ポンペ（※4）らを伴って来日したのである。

そして、安政四年十一月十二日からその伝習が始まった。そして、万延元（一八六〇）

年、海軍の技術伝習は一応終了して教官団は帰国したが、ポンペとハルデスの二名はそのまま日本に残った。そして、医学伝習所は小島郷という所に場所を移し、そのまま医学所となった。そして、その隣にオランダの海軍軍医ポンペの要請で、幕府が建設を許可した長崎養生所という日本で最初の西洋式近代病院が建てられた（松本良順が小島病院を設立し、ポンペを院長に、自分は副院長になった）。そして、その呼称を「長崎養生所」としたが、慶応元（一八六五）年「精得館」と改称し、さらに、明治元年に「長崎府医学校」、明治二年に「長崎県病院医学校」と命名された。長谷川も、この日本で最初の西洋式の病院に多大なる影響を受けながら、新しい医学知識を学んだのである。

そして、約二年間の勉学の後、明治三年の夏頃に佐渡相川に戻り、相川仮病院の医生（医師のこと）となった。その仮病院が、明治五年に相川の広間町から南沢の地に新築移転された際には、長崎で培った知識能力を生かして、近代的で効率的な病院の建築に寄与したと考えられる。

さらに明治七年、長谷川は再び佐渡を離れ上京、東京医学校校長心得・三宅秀の部下教師として別課生を教えるかたわら、病院・学校の移転新築の計画や、その実施に関わり合いを持ったようである。

そしてそのような立場があったからこそ、三島県令は長谷川を介して、東京医学校の三宅教授に山形県公立病院の設計を依頼することなどが可能になったのであり、それゆえ長谷川は山形県公立病院（後の済生館病院）の建設にも大きく関与することになるのである。

つけ加えれば、長谷川が東京医学校につとめていた頃の校長である長与専斎は明治元年十月から明治二年七月まで「長崎府医学校」の頭取医師、その後引き続き明治四年まで長崎県医学校の校長の地位にあった。従って長与と長谷川は、長崎においては師弟関係、東京においては上司と部下の関係だったということになり、両者の関係は因縁浅からぬものがあったようである。

【註3】　軍陣医学
明治以前のわが国の戦闘は、刀剣・槍などを用いていたため、それによる創傷の処置は漢方医でもできたが、銃の普及による弾丸の負傷の処置は漢方医ではできなかった。そのため、銃を用いた戦闘が主流となってからは軍陣医学が発達し、それに主力を置いた治療を施す軍陣病院が設けられた。

【註4】　ポンペ・ファン・メールデルフォールト　　一八二九年～一九〇八年。
オランダの海軍軍医。東インド各地で勤務中、オランダ海軍による日本の海軍傳習第二次教育

派遣隊の一員となり、隊長カッテインディーケに従って安政四（一八五六）年長崎に渡来、松本良順ら幕医や諸藩医学生を教育した。従来の商館医と違って最初から出島以外の場所で講義し、臨床教育用の附属病院の設立を要請した。開講を長崎奉行所西役所、大村町の高島秋帆宅内に移し、診療のかたわら講義した。日本最初の西洋式近代病院長崎養生所を文久元（一八六一）年に設立させた。翌文久二年帰国したが、オランダに留学した榎本武揚らの補導役をつとめ、後に駐ロシア公使となった榎本武揚の顧問となってペテルブルグに随行した功により、日本政府から勲四等を贈られた。一九〇八年十月七日死去。

4　長谷川らが訪問見学したとされる西洋文化の導入先進地、京浜の病院名

山形県立病院を大増築することについての参考とすべく、まずその手始めとして、院長の長谷川と病院建築掛の筒井は、三島県令の命を受け、西洋文化導入の先進地、京浜地方の諸病院を訪問見学することとなったが、訪問先の病院は『済生館史』ほか各資料によると、「東京大学医学部病院」「陸軍病院」「横浜英国海軍病院」の三カ所であったと推される。それぞれに次のような記録が残っている。

『済生館史』（後藤嘉一著　昭和四一年刊）

○東京大学医学部病院
○陸軍病院
○横浜英国海軍病院

『思い出の記――山形市立病院120年のあゆみ――』（編集委員共同執筆　平成五年刊）
○東京大学医学部病院
○陸軍病院
○横浜英国海軍病院

『山形市史草案（下）』より「山形済生館の設立」（川崎浩良著　刊行年不明　ガリ版刷り）
○東京大学医学部病院
○横浜英国海軍病院

『まぼろしの医学校――山形済生館医学寮のあゆみ――』（小形利吉著　昭和五六年十月刊）
○東京大学医学部病院
○陸軍病院

○横浜英国海軍病院

　以上によれば、訪問見学した先は、「東京大学医学部病院」（東京医学校は、明治十年四月二五日から東京大学医学部と称号を変更している）と「陸軍病院」及び「横浜英国海軍病院」の三カ所である。そのうち、横浜英国海軍病院は横浜の外国人居留地の中にあった病院だが、私が関係資料を検討してみた範囲では、長谷川らが視察に訪れたとされる時期、横浜英国海軍病院は、まだその姿を現していない公算が大なのである。このことは後に詳述するが、ややミステリーじみているのである。

　また、三島県令は長谷川院長の仲立ちで東京大学医学部三宅教授と知己となり、長谷川たちとは別に三宅教授を訪問し、新病院建設について様々な参考知識等を得ていたようで、そのような関係もあり、三宅教授は三島県令に「東京府病院」の見学を勧め、東京大学医学部当直医補助の大平楨作に案内をさせたようだ。

　『済生館史』には長谷川元良たちが東京府病院を見学に訪れたとは書いていないのだが、東京府病院は貧民階層の救済という社会事業的役割と使命をもって開設された病院であり、もし長谷川等が訪れていれば、そのシステムについて得るところ大の病院ではなかっただろうか。

東京府病院の経緯は後に詳述する。

5　訪問見学予定病院の成り立ち、その当時の様子について

東京大学医学部病院

明治新政府は明治元年七月二十日、横浜の軍陣病院を神田和泉橋の旧藤堂邸に移し、また、医学所を下谷御徒町より同所に移し、大病院（医学校兼病院）とした。しかしながら、その場所は卑湿《ひしつ》なうえ、市街地に密接し、将来の学校・病院の地として適当でなかったため、他に適当な場所を見つけ移転すべきであるとの議論が興った。種々検討され、その結果、現在の上野公園の地が最適と判断され、計画を一歩進めることとなった。

ところが、明治三年二月に大学東校が雇用契約をしていたドイツ国のミュラー、ホフマンの両医学教師が普仏戦争のため来着せず生徒等が動揺したが、たまたま大阪医学校教師ボードイン（オランダの医学者）が契約満期で退職し、帰国のため東京に来たのを幸い、明治三年七月から大学東校での講義を委嘱した。ボードインはその間に、大学東校の教授である石黒や岩佐たちと上野公園を訪れ、その景観を見て、学校や病院の移転

問題に触れ、「上野は公園として残すべきで、例え医学校や病院のためとはいえ自然を損なうようなことをすべきではない」との意見を述べ、さらにそのことをオランダ公使を介してわが国政府に建白した。政府はその意を受けて、上野公園に医学校や病院を建てる計画を中止した。そしてさらに明治四年八月、来着したお雇外人教師のミュラーやホフマンも環境劣悪な旧藤堂邸跡からの移転を重ねて建言した。

明治七年十月、長与専斎が長崎医学校校長から東京医学校校長に転じ、医学校の地として本郷の加賀藩邸址（建物は明治元年閏四月の春木町の火災で焼失）を選び、学校並びに病院の新築を建議した。この時、三宅秀は校長心得であった。（以下はあくまでも私の推論でしかないのだが）学校や病院の建設地が加賀藩邸址に決まったことについては、三宅の加賀藩に対する仲立ちがあったのではなかろうかと考えるのである。というのは三宅は加賀藩とは大変縁のある立場だったようで、それを裏付けるものとして彼の履歴書には次のように書かれている。

東京府士族旧金沢藩　三宅秀（幼名　復一）
慶応三年九月　　加州金沢壮猶館翻訳方ヲ被命英書ノ反訳ニ従事ス
明治元年九月　　英学三等教師ヲ被命金沢致遠館ニ於テ英学及ヒ算術ヲ教授ス

明治二年十一月　権少属ニ被任英学教師ヲ被命十二月ヨリ能州七尾ニ於テ英人オスボンヨリ仏語ヲ学フ（以下略）

従ってこの時の三宅は校長心得という学内ナンバー2の地位にあったわけで、学校・病院建設推進計画については実務上トップの立場ではなかったかと思われる。

長与が東京医学校の校長を命ぜられたのは明治七年十月三日であり、同日、校舎や病院の新築の稟議をも行った。長与は明治八年六月内務省四等出仕兼文部省四等出仕に補し衛生局長を命ぜられた。即ち文部省の東京医学校長と内務省の衛生局長を兼務することになったのである。

ちなみに本郷の加賀前田藩邸址での東京医学校の新築工事開始は明治八年七月で、その落成は明治九年十一月である。

三宅は、東京医学校の校舎、病院の建設については実務上の統括する立場にあったと考えられる。長谷川の役目は具体的には判らないが、三宅の部下であったことから、その建設工事については何らかの手伝いをしていたのではなかろうか。そのことは、次のような長谷川の学校教場への寄付行為でも推論出来る。

「東京大学医学部第四年報」なる資料に次のような記述がある。

東京大学医学部第四年報　自　明治九年十二月　至　同　十年十一月処務概旨
明治九年十二月六日ヲ以テ冬半期学課ノ教場ヲ開ク蓋シ本学年ノ初期ナリ
新潟県平民長谷川元良本校新築ノ落成ヲ祝シ金二十五圓ヲ教場ニ寄付ス（以下略）（東京大学医学部第四年報　明治十一年九月刊）

つまり、すでに山形に転じている長谷川元良は、東京医学校の新築落成を祝して応分の御祝儀を出しているのである。

長谷川や筒井が病院の見学に訪れたのは明治十年七月末から八月初旬であろうから、完成後一年にもならない新しい病院や、学校を目にしたことになる。

東京大学医学部は当時わが国洋医学界の中心的組織であり、何かと参考になる面も多かったことであろう。尚、当時の本館は昭和四四年に小石川植物園に再建され、東京大学総合研究博物館分館として利用されている。新築にあたっては勤務していた教職員たちからもバラック造りでもいいから一刻も早く移転して劣悪な環境から抜け出したいとの意見も多かったようだが、実際に建てられたのは、屋根の上の時計搭が印象的な、木造二階建ての西洋風建築物であった。

さらに明治十年八月二一日から十一月三十日まで東京の上野公園で開催された政府主催の第一回内国勧業博覧会に、長谷川元良考案、天童在住の人形師・神保平五郎製作の紙塑人工体《キュンストレーキ》が山形県からの出品物として展示され龍紋賞という賞を受けたが、その作品は東京大学医学部にあった舶来のキュンストレーキを見本に大学構内で製作を行ったようで、長谷川が東京大学医学部とつながりがあり、種々便宜を図ってもらえる立場にあったことを示すものであろう。

陸軍病院

この病院は東京大学医学部と密接な関係のあった病院で、陸軍軍医総監に任ぜられたほとんどの人が東大医学部出身である。

そこでまず、東京大学医学部の成り立ちの概略を次に記す。

慶応四年四月、東征大総督・有栖《ありす》川《がわの》宮《みや》熾仁《たるひと》親王《しんのう》（※5）（官軍）が横浜に軍陣病院を開設し、戊辰戦争・奥羽越の戦いで負傷した兵士の治療にあたった。そして、慶応四年七月二十日、横浜の軍陣病院を東京の下谷和泉町、「津藩藤堂邸」址に移し、そこにあった新政府所管の「医学所」と併せて、「大病院」とした。「大病院」はその後「医学校兼病院」となり、数回にわたりその名称や組織内容の改正、所在地の変更をするなどして、現在の東京大学医学部に続いている。

陸軍病院なる組織についてであるが、明治六年、政府は初めて「陸軍衛戍病院《えいじゅびょういん》」（「陸軍病院」と同一組織で、その呼び名はその時々により改称されたもの）を麹町区山本町の旧播州明石藩、松平兵部太輔の上屋敷址に設け、その後「陸軍軍医部」と改称するも再び元の名に戻している。

また、同年三月一日、東京にあった（その場所については未詳）「軍医寮学舎」を「軍医学校」と改称、軍医志願者を教育した。しかし、明治十年これを廃止、東京大学医学部に委託生徒を置いた。なお「軍医寮学舎」は、はじめ大阪に設置する計画であったが、明治四年七月五日、太政官の達により兵部省内に置かれることとなったようである。

以上の如く、東京大学医学部教授の三宅としても、従来から大学と密な関係にあった陸軍病院を見学先として推薦しやすかったのではなかろうか。

【註5】　有栖川宮熾仁親王　（ありすがわのみや・たるひとしんのう）　天保六（一八三五）年～明治二八（一八九五）年。
安政五（一八五八）年、条約勅許に反対し、文久年間（一八六一～一八六三）に尊皇攘夷運動が起

こると尊攘派志士に推されて活動した。元治元（一八六四）年七月、禁門の変（蛤御門の変）後、長州藩士と接近したかどで参朝を停止されたが、慶応三（一八六七）年に赦免された。王政復古とともに新政府最高の官職総裁に任ぜられ、明治元年、総裁在任のまま東征大総督を命ぜられ江戸に赴いた。このように最高の地位にあったが、実権はなかった。

横浜英国海軍病院

現在、国の重要文化財に指定されている山形の「済生館病院建物」は、『横浜英国海軍病院」をモデルとして建てられたという説もあるが、それは事実であろうか。どの関連資料を見ても、横浜の外国人居留地にあったとされる「横浜英国海軍病院」をモデルとして、「済生館病院」が建てられたとは、はっきり記述されているものは見あたらないのである。とはいえ曖昧ながらも、当時横浜にそのような病院があり、それをモデルにして「済生館病院」が建てられたのではないかと記した資料もある。

高橋哲夫著『明治の士族　福島県における士族の動向』（歴史春秋出版　昭和五五年十二月刊）の中の次のような記述である。

「……そのモデルは、当時横浜の居留地に在った「英国海軍病院」と言われ……

（以下略）」

以上の記述が何から引いたものかは判らない。横浜外国人居留地内にあったとされる「横浜英国海軍病院」をモデルにしたものではなかろうかという、あまり根拠のはっきりしない推論も、世間一般ではかなり前から流布されていたようである。

次に、そのこととは関連があるかどうか判らぬも、「山形済生館病院」の建物が英国と何らかのつながりを持ったなかで建てられたのではなかろうかと想像できるような新聞記事がある。明治十三年三月二八日付の山形県米沢の地方紙「米沢新聞」を紹介する。

見出し　「県庁・学校・病院など続々と洋風建物」
記事の内容　「……済生館は七日町の西にあり、これまた洋風の建物なり、聞く英国の公立病院も三舍を避くと……（以下略）」

この新聞記事の中の「英国の公立病院」とは、やはり「横浜英国海軍病院」を指しているものと考えたい。そこで、横浜に正規の「横浜英国海軍病院」なるものが建設されるまでの経過を記述する。

安政五(一八五八)年、江戸幕府は五カ国(英・米・仏・露・蘭)と修好通商条約を結び、横浜に造成した外国人居留地に領事館を設けさせ、そこに従事する職員や貿易に携わる民間人等を住まわせた。しかしながら、当時わが国には攘夷思想を持つ人も多くいて、外国人に危害を加える事件が頻発したため、元治元(一八六四)年、五カ国側はその対策として幕府と覚書を交わして、居留地内に英国と仏国の軍隊を駐留させることになった。そして英国は兵隊屯所地の一画に病院も開設した(横浜市役所編・横浜市史稿・政治編・3)。その病院は自国の兵士のみならず、自国の民間人や、他の国の人々にも治療を施した。そして次第に敷地が狭隘となったことから、わが国は明治十一(一八七八)年十月に、その隣接地をも貸与しているのである。

その病院の正式名称は「一般病院」(ゼネラル・ホスピタル)であったが、通称として「英国海軍病院」と呼ばれていた。そして大正十二(一九二三)年の関東大震災で焼失後、横浜中村町山上の避病院跡に新築移転している。

わが国は英国を含む五カ国と修好通商条約を結び、横浜外国人居留地を造成した後、英国からは二度にわたって病院建設用敷地の借用申し込みを受けている。一度目は慶応二(一八六六)年で、山手一六一番地の五二七九坪を貸し渡したのだが、英国はなぜかそこを病院として使用せず、他の用途に用いていた（他の用途とは何であったか把握不可）。そして二度目は明治八年に駐留軍隊が引き揚げた後で、当初借りていた病院用の土地は返還するから兵隊屯所であった場所が空いたので、そこを新たに病院用敷地として借用したいという申し出である。それに対し明治十二年、わが国は内容調査のうえ許可を与え、そこに初めて正規の「横浜英国海軍病院」が建設された。ただし、その病院の形状は「山形済生館病院」がモデルにしたといわれている多角形円筒状の建物ではなかったようである。

従って長谷川と筒井が病院の視察見学に赴いたのは明治十年だから、二人が目にしたのは、明治十二年以降に建てられた正規の「横浜英国海軍病院」ではなく、「一般病院」、通称の「英国海軍病院」の方だったことになる。

右に引用した「米沢新聞」の記事、「三舎を避く」という表現についてだが、その意味は辞書を引くと「恐れて、相手になる事を避けること」とある。私の勝手推測になるが、山形からの訪問見学者たちに対し、英国領事側は、建設予定の「横浜英国海軍病院」の設計図面を参考までにと閲覧に供したところ、山形では早速その図面を見本として多角形円筒型の病舎を建築してしまった。

そのせいかどうか判らないが、明治十二年以降に英国も居留地内に正規の「横浜英国海軍病院」を建てたが、その形は円筒形ではなく、角型の建物であったようである。そのことを踏まえて、多角形円筒状の病舎建設は「山形済生館病院」に先を越されてしまったので、英国は敢えてそれに対抗するようなことはしなかったということから、それを、米沢新聞は「三舎を避く」という表現をしたのではなかろうか。

さらにもう一つの考え方もある。

それは長谷川と筒井が横浜を訪れたのは、実物の病院を見学するためではなく、本当は横浜英国領事館を訪れ、今般病院を建設するについて参考までに海外の近代的病院の図面を取り寄せて欲しいと依頼するためだったのではなかろうか。

長谷川は東京医学校教員時代、英語やドイツ語に優れた能力を有していた東京医学校教授三宅秀の配下でもあった関係で、その薫陶を受け、一通りの英語は使えた筈である。

英国領事側は長谷川らの依頼に応じて、英国の植民地であった香港から図面を取り寄せ、それが山形に届けられた結果、その図面を土台として、明治十一年二月から大増築工事に着手したとも考えられるのである。

東京府病院

「済生館史」を見ると、長谷川らの視察に先立って、三島県令が東京大学医学部の三宅教授を訪問した時、教授は「東京府病院」を視察することを勧め、医学部職員（当直医補助）の大平楨作に案内を命じたとある。その後、長谷川たちがそこを見学に訪れていたかどうかハッキリしないが、訪れている可能性が高いと思われるので一応その成り立ちの概略を記す。

東京府病院設立の由来であるが、明治五年、東校（東京大学医学部の前身）の校長・佐藤尚中は「官立の東校病院は東京府内一般の人々の医療施設として役割を果たしていない」として宮内省に建白書を提出した。明治七年五月七日、宮内省は東京府に一万円の御下賜金を出し、それを基金として、港区愛宕町二丁目八番壱（現、慈恵医大敷地）に東京府病院が設立され、貧困庶民の救済にあたった。

前述のとおり、長谷川と筒井が「東京府病院」を見学したかは定かでない。

しかしながら、県令の三島が視察見学した病院を長谷川等が見てこなかったとは、まず考えられない。当時の府病院の院長は長谷川泰《はせがわたい》（※6）という人物で、長谷川元良とは同郷（新潟県人）であり、副院長格の山崎元脩は、長谷川元良が東京医学校の教員であった頃の学生であったから、訪れやすい病院だったと考えられる。

また、東京府病院は明治七年に建築された新しい病院ということで、その構造や設備は見学するに値したであろう。さらに付け加えるならば、長谷川は貧困階層を含む庶民救済病院の具体的な仕組みについても何かを学ぼうとしていたのかもしれない。

長谷川が、故郷の佐渡相川で医療活動を行っていた時期は、金銀の鉱脈枯渇で失業した佐渡鉱山労働者や労務災害傷病者救済のため授産事業を興すなどの活動をしており、さらに、山形県公立病院の大増築にあたっては、この病院を有料患者の診療ばかりでなく救済院として、一つの社会事業とするように献策した。

さらに、その目的達成のため、病院に勤務する者一同が建設費の一部にと、一カ月分の給料を病院に寄付をしているのである。このように常に貧しい人々を対象とする医療の取り組みに腐心していた長谷川にとって、東京府病院の貧困病者救済の具体策は興味深いものであっただろう。

その後、東京府病院は明治十三年七月より一般患者の診療を廃止し、貧民施療専門の病院となったが、東京府の財政悪化のため明治十四年七月閉鎖された。

蛇足かもしれぬが、後に山形済生館医学寮の教頭に就任したお雇オーストリア人医学教師ローレッツは山形に来る前、名古屋の愛知医学校に勤務しており、彼の発案で精神病者の病棟を建設した。その時、東京府病院院長・長谷川泰の求めに応じ明治十二年六月

「東京府癲狂院建設計画案」に対するコメントと試案を詳細に論じている。さらに長谷川泰の求めに応じ「ウィーンの医制」を詳述し、オーストリアの「衛生警察制度」（公衆衛生行政）の概略を論じた。そのローレッツが山形で長谷川元良と共に仕事をすることになるのである。

【註6】　長谷川泰（はせがわ・たい）　天保十三（一八四二）年〜明治四五（一九一二）年。

越後国古志郡福井村で漢方医・長谷川宗斎の子として生まれた。漢学を修めたのち、父親から漢方医学を学び文久二（一八六二）年、下総佐倉の順天堂に赴き佐藤尚中に蘭学及び西洋医学を学んだ。慶応二（一八六六）年、江戸を出て松本良順に師事した。帰郷後、長岡藩に出仕したが戊辰戦争に参軍し、敗れて再び帰郷。明治維新後、東京に上り明治二年、大学東校の少助教となり同七年八月長崎医学校校長に就任したが、同十月に同校が廃止となり罷免された。その後、東京本郷に私立医学校済生学舎を創立して多くの医師を養成した。野口英世も同校に学んだことがある。東京府病院長及び内務省衛生局長を歴任。

6　山形県公立病院増築後、長谷川が太政大臣三条実美に病院の命名と揮毫をお願いすること

山形県公立病院の大増築完成と同時に、三島県令の発想であろうか、その病院に固有の名称を付することを思いつき、その命名と揮毫を、時の太政大臣・三条実美《さんじょうさねとみ》（※7）に依頼しようとした。如何にもでかいことの好きな三島らしい発想である。

この辺のことについて『済生館史』の著者後藤嘉一氏はその中で次のように書いておられる。

「……竣工（明治十一年九月）と同時に長谷川院長が上京し、伝手《つて》を求めて太政大臣三条実美に、病院内に掲げる扁額の揮毫を請うたところ、三条は「済生館」と題されたので、これをとって「山形県済生館」と改称することになった。これを篆刻《てんこく》して金文字とし三層楼の外部にも掲額した。……（以下略）」

このことについてはこれ以上の記述はないが、「済生」の文字と、長谷川が伝手を求

めての「伝手」について考えてみたい。まず「済生」の意味だが、たぶん〝衆生済度〟を略した言葉ではないかと考えられる。衆生とはこの世の中に生きているすべてのものを指し、済度とは助け救う意味である。この場合、多くの病める人々を助け、救うという意味であろう。ところで済生という字句は現在でも医療機関や組織でその名称に冠している例が見られるのだが、太政大臣三条実美に命名を依頼したとされる山形県公立病院の場合、三条が本当に、自らの発想で命名したものであろうか。

私は、長谷川が太政大臣三条実美と面談する際、一つの素案として、長谷川の側から「済生」を提案したものと考えたい。さらに長谷川から「済生」の二文字が出てきたことについては、二つの裏付け根拠があるように思えてならない。

まず、一つ目だが、山形県公立病院の前身である天童村の私立病院が開設する際の設立趣旨として書き残されている言葉がある。

「医ハ司命ノ職、其最モ学識博洽治術老練ノモノニ非レバ決シテ此任ヲ委カスベカラズ。而シテ今ヤ僻地其人ナシ。シカズ病院ヲ設立シ一ハ治術ヲ以テ人民ノ病患ヲ救ヒ、一ハ学士ヲ養成シテ済生ノ道ヲ弘ムルノ基ヲ為ス」

三条実美の書（山形市郷土館蔵）

とあり、この文書中の、「済生」の文字を素案として三条に示し、三条はこれを可として命名や揮毫に応じたのではなかろうかと推測するものである。

そして、二つ目は「済生」という語を好んで用いた佐藤尚中（順天堂医院初代院長）の影響である。

ここで佐藤尚中について少し述べてみたい。

佐藤尚中は、医学塾順天堂の初代当主・佐藤泰然の養子である。泰然は当初江戸で開塾していたが、下総佐倉（千葉県）藩主・堀田正睦が、藩の武備強化、軍陣医学（外科学）の充実政策を図ったことにより、千葉県佐倉本町に招かれ、天保十四（一八四三）年、医学教育と治療を行う「佐倉順天堂」を開いた。この塾は大阪の緒方洪庵の「適塾」と並んで、広く天下に知られていた。安政六（一八五九）年、養子である尚中が順天堂二代目当主となった。尚中は万延元（一八六〇）年から文久二（一八六二）年に長崎でオランダ海軍軍医ポンペのもとで「外科手術学」を習得して帰り、その名声が広く知れ渡ることとなる。尚中のもとには多くの門下生が集まり、その中には後に尚中の養子となる長岡出身の長谷川泰もいた。佐藤尚中は、明治二年東京に出て大学東校の主宰者となり、大学大博士・大典医・大学大丞となり、わが国医界最高の地位についた人物である。

尚中は、その話の中で度々「済生」という言葉を用いており、「済衆精舎」と称する医学私塾も開いていた。門人たちも後に開業する際に「済生堂医院」等その言葉を使った者が多い。長谷川泰もまた、明治二年には東京の本郷に「済生学舎」を設立している。もっとも長谷川泰の場合は、尚中よりもドイツの医学者フーフェランドの言葉「済生救民」に感銘を受けたからだという説もある。

これらのことが山形の済生館病院とどうつながるかについて、私見を述べてみたい。まず、長谷川元良の履歴を調べてみると、明治初年から同三年にかけて長崎に留学した。それ以降の事柄については比較的はっきりしているが、それ以前の動きがよく判っていないのである。長崎から帰郷してからの佐渡での様々な活躍を見ると、二年程度洋医学をかじった人にしては考えられないような活躍をしているのである。私は、長谷川は長崎に行く以前にもどこかで洋医学を学んでいたのではないかと推量してみたが、それを資料による裏付けが出来ずにいた。ところが冒頭に示したように、田中圭一先生が長谷川元良は若い頃の一時期、佐藤尚中の門に学んでいる事実を裏付ける資料を指摘されたのである。

八代（八代とは長谷川元良を指す）
生国大阪、医を佐藤尚中門に修む、のち文部省に奉職し、山形県病院長となり、明治十五年相川に帰り開業す

やはり、ここで気になるのは、「医を佐藤尚中門に修む」という文言であり、どの程度信憑性があるのか探ってみたい。
佐藤尚中門といえば当然ながら、佐倉順天堂塾を指すものであろうと推し、千葉県立中央図書館や、順天堂大学医学部医史学研究室にその事実を裏付ける資料の有無を問い合わせたが、慶応元（一八六五）年の「佐倉順天塾社中姓名録」、慶応二年の「門人帳」など、いずれの資料にも、長谷川元良の名前は見あたらないとの回答を得ている。
一方ここで、佐藤尚中の動きを改めてまとめると、次のようになっている。

安政六（一八五九）年　佐倉順天堂二代目当主となる。

万延元（一八六〇）年　藩命により長崎に赴き、主として外科を学ぶ。
文久二（一八六二）年　佐倉に帰り、済衆精舎を設け、七科にわたる教授を行い、病舎をおいて診療にあたる。
明治二（一八六九）年　東京に出て大学東校の主宰者となる。

右のように、佐藤尚中は文久二年から明治二年までの七年間ほど、済衆精舎で塾生を教授しており、慶応元年・二年の塾生名簿には名前こそ見あたらぬも、長谷川もその七年間のどこかで、尚中の薫陶を受け、「済生」という字句を新しい山形県公立病院に冠しようとしたのではなかろうか。

次に長谷川が伝手を求めて三条に病院の命名と揮毫をお願いしたとのことについてであるが、その伝手をどのような方面に求めたかを推論してみたい。

まず、三条につながる公卿の線が考えられる。

さかのぼって文久三（一八六三）年八月一八日、禁門の変（蛤御門の変ともいう）という政変が起きた。公武合体を策する薩摩と尊王攘夷派の長州が相対立した事件で、京都の公卿たちも三条実美を中心として七人が長州側に組し、長州藩は優位を保っていたが、薩摩藩は京都守護職の会津藩と組んでクーデターを敢行し、長州藩とそれに同調した公卿衆七人を京都から追い落とした事件である。公家等は長州勢に付き従って長州に落ち延びたのである。いわゆる「七卿落ち」と言われている出来事である。その七人の公家衆の中に三条実美や壬生《みぶ》基脩《もとなが》や東久世《ひがしくぜ》通禧《みちとみ》らがいたのである。

時は移り、明治四年から三条は太政大臣として国政の中心に座り、壬生も明治四年十二月山形県権令になり、そして明治六年一月九日までその職にあった。

長谷川の伝手としては、壬生を介して三条に面会するということは当然考えられるのではなかろうか。しかしながら、東京医学校教師時代の師である三宅秀を介して三条に近づいたと考えるのが一番現実的であるような気がする。

明治四年の夏頃、東京医学校の招聘で来日したドイツの医学者ミュラーやホフマンは日本滞在中しばしば、政府高官である三条実美らの診察や治療をしていた。従って、その頃すでに東京医学校の幹部教授であり、政府から当時の大難病であった脚気病の撲滅のための対策としての脚気病院設立委員や、悪性伝染病の予防規則取調委員などを委嘱されていた三宅もまた、政府高官等と対等に接し得る立場にあったと考えられるのである。長谷川も恐らく、この関係を承知のうえで、師の三宅に三条との面会が出来るよう、斡旋の依頼をしたのではなかろうか。

ただし、これはあくまでも私の推論でしかなく、すでにその辺の事実を記録した資料が何れかに残されていることも充分考えられるのである。
さらに三島が三条に頼み込むということも考えられる。長谷川は三島から三条への書状を懐に三条に面会のうえ、要件を申し述べたということも考えられるのである。

【註7】　三条実美（さんじょう・さねとみ）　天保八（一八三七）年〜明治二四（一八九一）年。
幕末の公卿で明治初年の政治家。尊皇攘夷派公卿の先頭に立ち、文久二（一八六二）年、勅使として攘夷の勅命を幕府に伝え、翌年攘夷親征挙兵討幕を計画したが八月十八日の政変で長州藩に亡命した。明治四年から明治十八年まで明治政府の太政大臣をつとめた。最高地位にありながら藩閥の外にいたので政治勢力は弱かった。

7　画家・山田成章と「済生館病院」のヒポクラテスの油絵について

明治十二年一月八日、山形県公立病院の大増築工事が終わり、山形県済生館としてその開院式が挙行されたが、その講堂には画家山田成章（東京医学校に画工として勤務していた人物）の手になる医聖ヒポクラテスの油絵が掲額された。この油絵は旧済生館建物が昭和四一年に解体移転されるまで掲額されていたが、解体時に新しい「山形市立病院済生館」の倉庫に移され、そのままになっていた。昭和五三年、移転した「旧済生館建物」を活用した博物館「山形市郷土館」の館長である加藤善悦氏が「山形市立病院済生館」の倉庫に眠っていたこの油絵を発見し、「山形市立病院済生館」から譲り受け、「山形市郷土館」に掲げられることとなった。後日判ったことであるが、その画中の人物は医聖ヒポクラテスではなく、キリスト教の聖人で神父のヒエロニムスであった。

ところで、明治十二年一月八日の開院式に併せて、ヒポクラテスの油絵を「山形済生館病院」の講堂に掲げることを誰が思い付いたのであろうか。恐らく長谷川院長の創案であろう。長谷川は山形に来着する直前まで東京医学校の教員をしていたが、山田成章もまた、同時期に医学校の画工として勤務していたのである。当然、二人は顔見知りの間柄であったろう。また医聖ヒポクラテスを敬い崇拝する洋医界のしきたりを知る者は、当時の山形には長谷川以外いなかったと思われる。そのような立場にあったから、長谷川は山田に事情を話し、開院式に間に合うようヒポクラテス像の油絵の制作を依頼したものと考える。画家山田成章と面識ある人物は長谷川以外考えられないのである。ここでも長谷川が太政大臣三条実美に病院の命名とその揮毫を依頼した時と同じように、山形県公立病院の大増築について、種々の気配りや、リーダーシップを発揮していたことがうかがえるのである。

「済生館病院」に掲げられた油絵像はヒポクラテスではなく、実際はキリスト教の聖人ヒエロニムスであったことは先述のとおりだが、当時の洋医学界の重鎮、東京大学医学部綜理心得・石黒忠悳（陸軍軍医総監・貴族院議員・日本赤十字社社長その他多くの役職を歴任し昭和十六年没）の言によれば、

「ヒポクラテスの像とて医科大学書籍室に掲げてあるものは、小生の心覚えは、大学の画工・山田成章が何処からか古き銅版の比像を持ち来たり、骸骨あるを以ってヒポクラテスと推想し、絵き始めたるに創まりたるものにして、佐藤尚中翁の賛字を加えたるも、夫より後の事にて候……（以下略）」

とある。

要するに東京大学医学部書籍室や、山形済生館病院の講堂に麗々しく掲げられていたヒポクラテスの油絵は実は西洋の医学の神様ヒポクラテスではなく、キリスト教の聖人ヒエロニムスであったという、西洋医学が時の流れの中で急速に広がりつつあった時代の、微笑ましくも面白いエピソードである。

8 「旧済生館病院建物」は、長谷川の設計とある新潟県佐渡の資料

国の重要文化財に指定された建物「済生館病院」といえば、その美麗な擬洋風建物と、そこで洋医学を教授したお雇外国人のローレッツ博士の名がすぐに想い浮かぶのだが、国重文の建物「済生館病院」の建設計画や、着工から竣工に至るまで、長谷川は、その院長職にあった以上、当然ながら、種々関わり合いがあったはずと思われる。ところが山形の地では、それらのことについて、長谷川の働きぶりは、ほとんど注目される状況にはなっていないのである。

後藤嘉一氏著の『済生館史』の記述を見ると、済生館医学寮教頭として二年程しか在籍していない大平楨作や、山形県として招聘を試みたが折り合いがつかず来着しなかった大森治豊博士（上山の藤井松平藩・藩医大森快春の息子。大学東校を卒業して九州帝国大学の教壇に立ち、後に名誉教授となる）や、「済生館」の幹部医師であった服部済などの経歴や写真等が記述掲載され、多くの頁を費やされているのだが、明治九年五月から明治十五年十月頃まで足かけ七年にわたり、院長あるいは医局長として奉職し、それなりに仕事上の功績もあっただろうと思われる「済生館病院・初代院長」の長谷川元

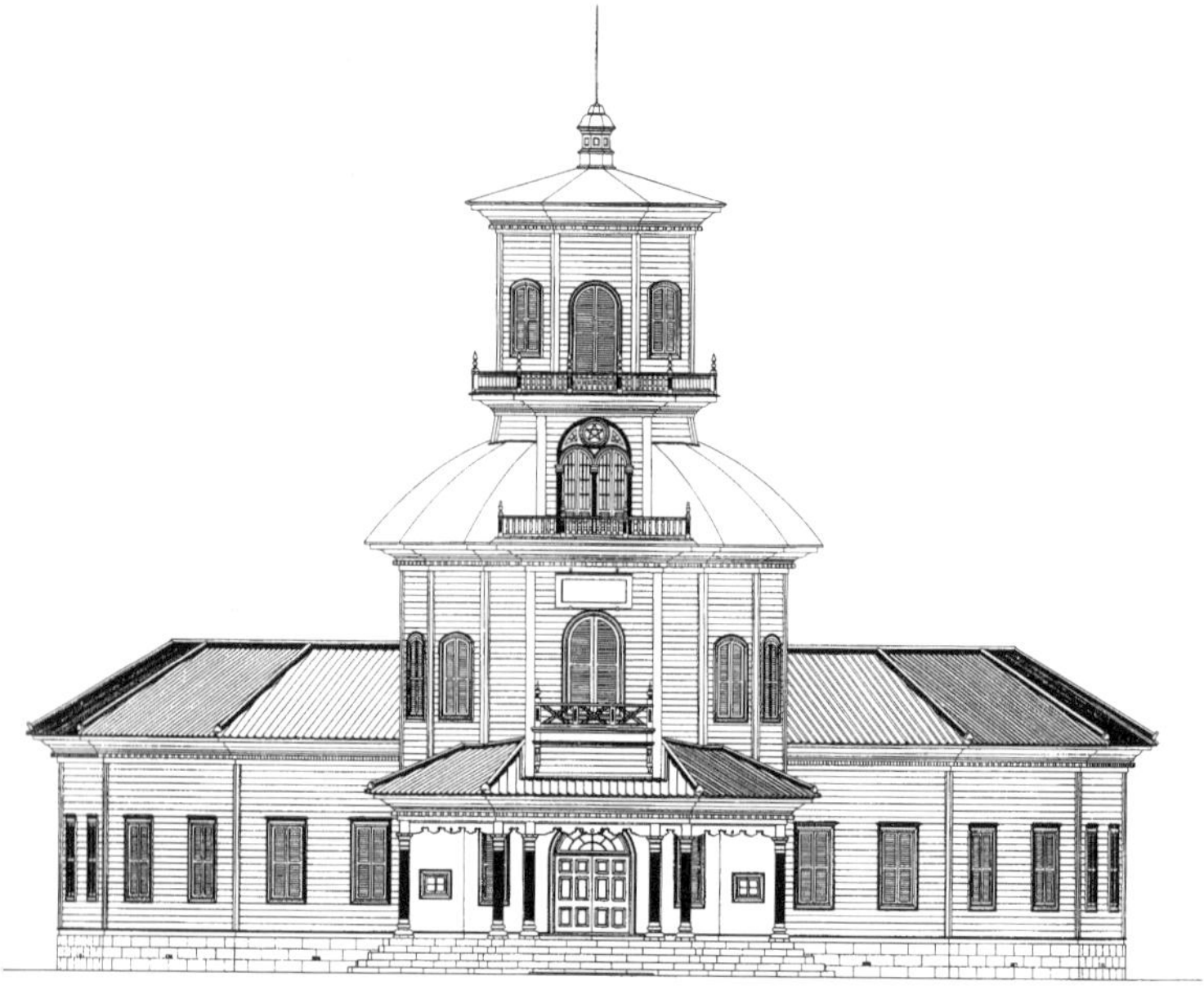

北側立面図

東側立面図

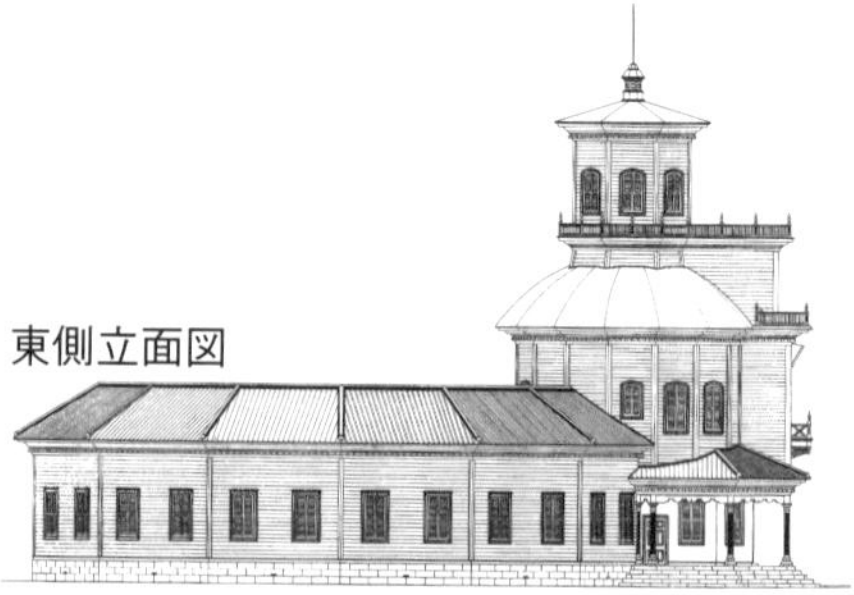

（山形市教育委員会提供）

良については、その仕事ぶりや、人柄を示す記述文や顔写真すら見出すことが出来ないのである。

そこで少し角度を変えて、長谷川の故郷、新潟県の佐渡では「済生館病院」建設と長谷川の関わり合いをどう見ているかについて記してみたい。

『長谷川元良小伝』の著者、新潟県佐渡の小松辰蔵氏は、その著の中で、次のように述べられている。

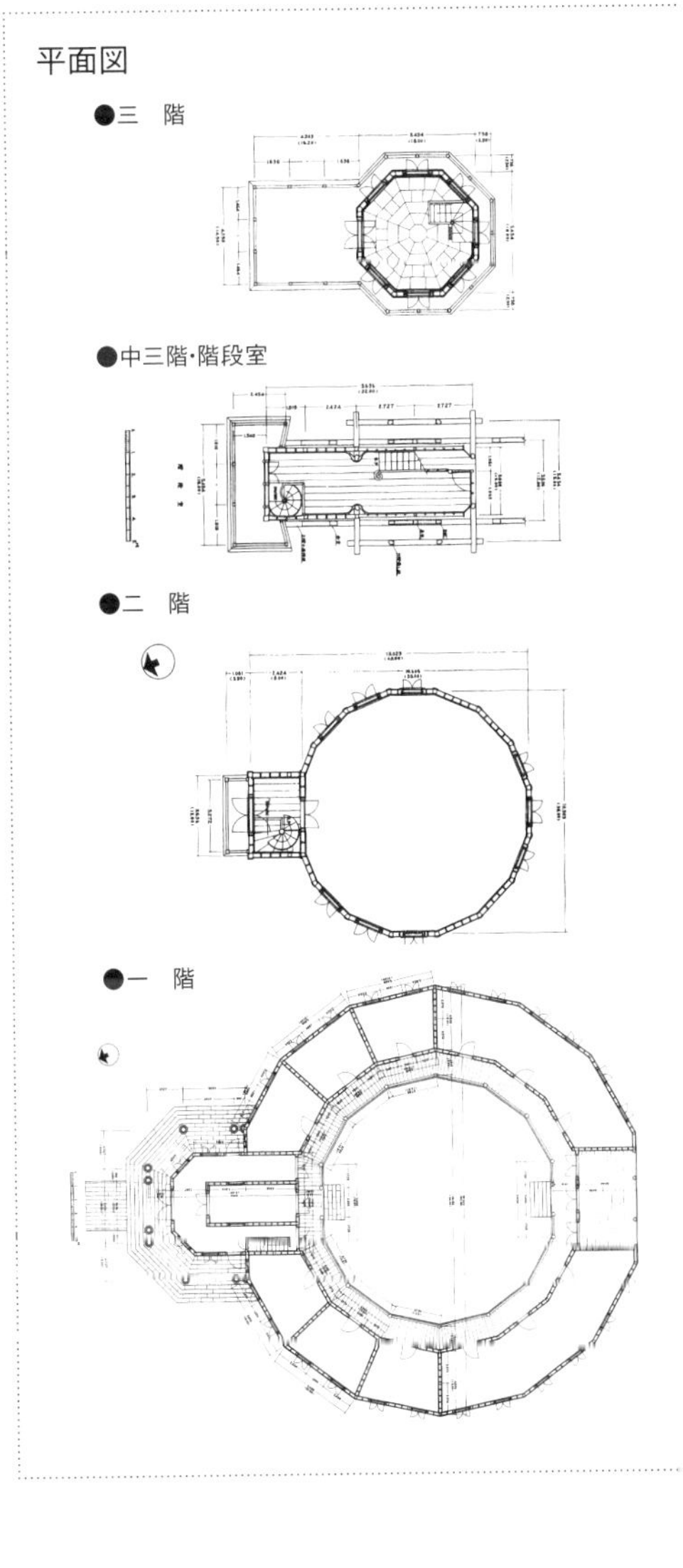

「明治十一年二月長谷川の設計によって着工した病院は同年九月竣工した。……

（以下略）」

小松氏は大胆にも昭和四一年十二月五日に国重文の指定を受けた「旧済生館建物」の設計は長谷川の手になるものと捉えておられるのである。しかし、すべてが長谷川の設計とは考えられず、基本的には棟梁の原口がリードしたであろうし、医療専門家の立場から長谷川は、病院という特殊性のある部分についてその意を用いたと考えたい。

さらに、『佐渡相川の歴史　資料集2・墓と石造物』という郷土史研究誌の中にも次の如き記述が見られる。

「……（長谷川は）明治七年、迎えられて東京大学医学部教官となったが、明治九年、山形県令三島通庸の懇請に応えて、山形県公立病院院長に転じた。現在の山形県重要文化財※「山形市郷土館」は、彼が院長在任中、研究設計※した木造三階建ての洋風病院を復元したものである。」

右記文中、長谷川元良が明治九年、山形県令三島通庸の懇請に応えて、山形県公立病院院長に転じたとあるも、長谷川の院長就任は明治九年五月であり、三島の県令就任は同年八月である。三島が懇請して長谷川を招いたとの記述は、筆者の錯誤であろう。

明治七年には東京大学医学部という称号はなく、東京医学校であった。東京大学医学部となるのは明治十年四月五日である。著者の勘違いであろう。

※「山形県重要文化財」とあるが、この記述が、昭和四一年十二月に国の重要文化財に指定される以前に記述されたためである。

※「研究設計」という言葉の意味は、病院建物という一般の家屋とは異なる部分について、長谷川が種々配慮したということを指したものであろう。【著者註】

第三章　オーストリア人医学教師ローレッツ、山形に来着

1 「山形済生館病院」が洋医ローレッツを招聘すること

オーストリア出身の医学教師ローレッツ（※1）は明治十三年九月、前任地の石川県金沢から山形に来着、済生館病院医学寮教頭兼館医に就任した。「済生館病院」としては、初の外国人医師の就任である。来日後、山形に来るまでのローレッツの足跡は次のとおりである。

明治八（一八七五）年来日。オーストリア公使館付医官となる。
明治九（一八七六）年五月〜明治十三（一八八〇）年四月、愛知県公立医学校教師。
明治十三（一八八〇）年五月〜同年八月、石川県立金沢医学校教師。

ローレッツは前任者アメリカ人医学士ヨングハンスと交代に明治九年から三年の契約で愛知県公立医学校の教師になったが、最初の一年間、通訳を佐渡出身の語学の天才・司《し》馬凌海《ばりょうかい》（※2）がつとめていた。司馬凌海はそれまで文部省教授と兵部省病院出仕を兼ねていたが、当時は公的役職を辞して浪人中だったので、その語学力を買われローレッツ

ローレツを送別する記念写真。中央がローレツ、その右隣が長谷川元良とする説があった（註4）。

の訳官兼医官として一年の契約で愛知県公立医学校に採用されたのである。また当時、ローレツの教え子の中には、後に内相・外相・東京市長等を歴任し、中央政官界で名を成した岩手県水沢（現・奥州市）出身の後藤新平《ごとうしんぺい》（※3）がいた。

ローレツの愛知での雇用契約は先記の如く当初三年の雇用契約であったが、その活躍ぶりから県当局や学校側からさらに一年間の契約更新を求められ、都合四年間勤務したことになる。

ローレツは契約期間満了になると一旦横浜に戻り、そこから引き続き、石川県の金沢医学校に奉職するのだが、小形利彦先生著の研究誌『お雇い外国人教師アルブレヒト・フォン・ローレツの日本時代』によれば、石川県の金沢医学校ではオランダ医学を教えていたホルトルマンの任期が切れるのを機に、ドイツ医学を導入する方針を固め、そのためドイツ人医師を雇い入れる費用として、明治十二年五月の県議会へ年俸六千六百円（月額五百五十円）の予算を計上し、これを議会側に提示した。県議会では多額すぎると否決されたが、ドイツ医学の導入を図ることについては、大方の了解を得ることができた。

その後、俸給の件はどのような形で処理されたのかは不明だが、いずれ、ローレッツは金沢で三カ月程滞在して教鞭を執り、退任し、その後、山形に転じたのである。

ここで、ローレッツ採用についての一連の事柄について考えてみたい。

まず一つ目は、ローレッツが何故にわずか三カ月で金沢を去らねばならなかったかということ、そして二つ目は山形県がどういう心算で、どのような手段でローレッツの招聘に成功にしたかについてである。

まず、一つ目の、わずか三カ月で金沢を去らねばならなかった理由であるが、あくまでも推測の域を出ないのだが、報酬の問題が大きかったのではなかろうか。石川県議会が、ローレッツへの報酬額六千六百円を否決した件はすでに述べた。これは、前任教師ホルトルマンの報酬を大きく超える金額だったのであろう。

石川県金沢は加賀前田家百万石の城下町である。元来、加賀前田家はその特徴として「算術」を非常に大切にしてきた家柄であり、それがまた藩風となっていた。江戸時代の金沢は和算の水準が驚異的に発達していた。算術に長けた者を集めた「御算用場」を設け、財政ばかりでなく国内の民政をも差配させていたという。普通は、まず民政機構（郡奉行）があって、そこに会計部門が作られる。ところが、加賀藩ではまず巨大な会計機構（御算用場）があって、その中に民政部門（郡奉行）が作られていた。普通の藩では政治が会計を行うが、加賀藩では会計が政治を行っていたのである。

あらゆる意味で外様大名であった加賀前田藩百万石の安泰を保ち続けるための賢明な知恵であったのである。そして、徳川幕府が倒れ、明治新政府の世になっても「加賀の数学好き」の気風は失われてはおらず、加賀は、計数知識がより必要とされる日本海軍の中心に、薩摩・佐賀・旧幕府等と並び座したのである。

以上の如く、財政管理の細かい金沢の地域特性からして、ローレツへの報酬として一度議会で否決された年額六千六百円という金額が改めて承認されたとは考えにくい。その辺は前任者と同額にするとか、あるいはその部分は追って交渉することとして、ひとまずローレツを呼び寄せたのであろう。結局、報酬についての折り合いがつかず、ローレツの滞在期間が短くなったのではあるまいか。

この点をもう少し踏み込んでみると、さかのぼって明治五年十月八日、相良知安が第一大学区医学校（現東京大学医学部の前身）の校長になった。相良は、日本医学はその範をドイツ医学に採るべしと主張し、これを導入した。明治十二年の「医師試験規則」の制定に伴って、ドイツ語による医学講義を行う教員が必要となったが、しかしそのような教員を確保するのはなかなか難しかった。

金沢医学校でもドイツ人教師を雇う必要がありローレッツを雇い入れることにしたが、その報酬は先述の如く年報六千六百円の予算計上を必要とした。しかし、会計処理に緻密なお国柄の石川県の県議会は否決したのである。しかし一方、わが国は医学についての範をドイツ医学に採ることが決定されており、その点については了としたのである。ここでローレッツは山形に転じたのだが、三島県令の豪放な性格が幸いしてローレッツの招聘に成功したのである。

ではローレッツが退いた後の金沢医学校はその後釜についてどう対処したのであろうか。東京大学医学部（第一次）の卒業生で医学士外山林介（内科・産科）・伴野秀堅（外科）の二名を採用しているのである。金銭的に考えればローレッツ一人に払う金額より二人分まとめてもそれより安かったのではなかろうか。

またまた私の勝手推測になるが、この場面でもまた東京大学教授の三宅秀と山形県令三島通庸が登場してくるのではないかと考えられるのである。三島県令は長谷川元良を介して三宅とはすでに知己の間柄になっている。そして豪壮華麗な済生館病院に相応しい外国人医学教師を雇い入れたいとの願望も持っている。さらに三宅は金沢の地とは深いつながりがある人物であり、石川県議会がローレッツ採用の議案を出費過多を事由として否決したことを気にしていたのではなかろうか。そこで、三宅はドイツ人医学教師を求めている三島県令の元にローレッツを送り込み、ドイツ語を使う医学教師を求めている金沢医学校には、自分の教え子でドイツ語の堪能な東京大学医学部卒業生二人を世話するという手段に出たのではなかろうか。もちろん長谷川院長もその手先となって動いたことも充分想像出来るのである。

そして二つ目は、山形県がどういう心算で、また、どういう手段でローレッツを招聘したかについてである。

山形県では明治十三年七月「済生館館長」筒井明俊（病院と医学校を合体した組織のトップで事務方の職員）を上京させ、オーストリア公使館との間にローレッツ雇い入れの交渉を行わせた。また、後藤嘉一氏著の『済生館史』には、ローレッツを山形に招聘したのは済生館医学寮の教頭に就任していた大平楨作であり、その師にあたる司馬凌海を介して招聘工作をしたと書かれている。司馬はかって東京で、文部省（東京医学校）教授をつとめるかたわら春風社というドイツ語や医学を教える私塾を主宰しており、大平はその塾生の一人であって、司馬と同郷の佐渡人でもあった。そして、司馬は愛知の医学校でローレッツの訳官をつとめていたわけだから、大平楨作が師の司馬凌海にローレッツ招聘の仲介を依頼したとしても不思議はない。ところが、よく調べて見るとこれはどうも事実と合致し難いのである。以下それを具体的に示す。

まず大平とローレッツの二人が「済生館病院」に勤務した時期とその後の様子は次の通りである。

大平楨作　明治十一年三月四日頃から明治十三年三月二五日まで「済生館病院」に勤務。退任後同年四月から山形県酒田で医院開業。

ローレッツ　明治十三年九月二八日から明治十五年七月まで「済生館病院」に勤務。退任後東京に戻り、八月十一日帰国の途につく。

以上のとおり、ローレッツ招聘に動いたとされる大平楨作は、ローレッツが山形に来る半年も前に済生館医を辞し、個人医院を開業しているのである。また、大平に力を貸したとされている司馬凌海であるが、山本成之助著『司馬凌海年譜』によれば、明治十一年春頃から肺を患い、京都で療養につとめ、明治十二年熱海に転地療養していたが、東京で診察を受けるべく戸塚まで来た時、病がつのり、明治十二年三月十一日その地の旅館の一室で病没している。そうすると、この時大平はすでに済生館を辞し、司馬はすでに亡くなっているのである。時系列的にみてローレツの山形招聘が司馬や大平の作業範囲であったとみるのは全く困難なのである。

　では山形県が「済生館病院」に外人医師を招聘しようとしたのはいつ頃からであったのだろうか。万事派手で、進歩的なことを好む山形県令三島通庸のことであるから、おそらく「済生館病院」に外人医師を招聘しようと考えたのは三層楼の新病院建設を思いついた頃からで、明治十二年一月開院式を挙行した頃には、すでに具体化案を模索検討していたのではなかろうか。

　しかし、地方の一病院に外人医師を呼び寄せるには、準備期間が必要であるから、実際に招聘工作の動きがあったのは、ローレツが来着する明治十三年九月から何カ月も前の頃と推測される。さらにいえば、ローレツが愛知県を離れた後、石川県との契約条件で揉めていた明治十三年五月から七月にかけてではなかったろうか。

　ローレツを山形行きに踏み切らせたのは、ローレツ本人に支払われる報酬の件以外にも、ローレッツを取り巻くスタッフに対する山形側の配慮が大きかった。愛知県公立医学校で司馬の後任としてローレッツの通訳をつとめていた朝山義六をはじめとして、丸山道彦・佐々木正といった愛知時代からのスタッフが、ローレッツと同時に「済生館病院」に採用されたのである。

このうち、丸山道彦に対する着任旅費の計算基礎が金沢―山形間となっているので、丸山もローレッツと共に金沢医学校に奉職していたと考えられる。こうした気心の知れたスタッフと一緒ということで、ローレッツも安心して山形への赴任を決めたのであろう。

また、金沢は山形に比し早くから西洋医学の導入を図り、外国人医師を招聘するなど西洋医学導入についての先進地であった。即ち、明治三年二月、加賀藩医学館を設立。明治十二年十一月、福井医学所・富山医学所を合併して金沢医学校としたのである。その間、明治四年から七年まで、オランダ医スロイスを雇い入れ、明治八年からはオランダ医ホルトルマンを雇い入れるなどして、ローレッツが着任した頃は、洋医学導入の基礎はある程度整っていたと思われる。従って未整備の部分の多い山形県の医療体制はローレッツにとって、逆にやり甲斐のある職場と思われたのではなかろうか。そうした考えをも含めて山形に出向いて来たのではなかったろうか。

ローレッツの前任地金沢では、明治十三年七月六日付で石川県県令の千坂高雅が井上外務卿へ、ローレツの夏季休暇を利用した県外旅行免状の発行願出をしている。

一方、明治十三年七月に済生館長の筒井明俊が三島県令の命を受け上京、オーストリア公使館との間に交渉をまとめたとの記録がある。

以上より推測すれば、ローレツの旅行先は東京か横浜にあったオーストリア公使館で、そこで筒井と雇用に関する諸条件の交渉が行われたのではなかろうか。そしてその後、金沢医学校の退任手続きやら、山形への出立諸準備がなされたのではないかと考えられる。

勿論、山形でもローレツの招聘が本決まりになれば、その宿舎等を準備する必要があった訳で、その居住する建物も決まり、それを洋風に改装する費用百五十八円を支出しているようなので交渉はスムーズにいったものと見られる。ローレツは明治十三年八月三〇日金沢を出発し、海路山形県の酒田に着き、最上川を舟で上り、須川に入り船町から馬車を利用して九月十日、山形に到着したのであった。

【註1】　ローレツ　一八四六年～一八八四年。
オーストリア人医師。愛知県公立医学校教師。山形の済生館医学寮教頭として医学教育・公衆衛生の発展に尽くした。ウィーン大学医学部卒、明治八(一八七五)年来日。オーストリア・ハン

ガリー公使館付医官をつとめ、翌年、公立医学講習所（名古屋大学医学部の前身）教師に着任。訳官は当初司馬凌海が担当した。明治十年には医学雑誌『医事新報』を出し明治十五年までに五十号余を算した。裁判医学について講じ、癲狂院設立を建議するなど、法医学・精神医療の面でも先駆的な役割をなし、明治十三年には公立病院内に癲狂室の落成をみている。名古屋時代の弟子に後藤新平がいる。同年四月に任期が終わって金沢医学校に赴任したが、同十月には山形の三島通庸の招きに応じ山形市の済生館医学寮において医学教育と診療にあたった。明治十五年に帰国し、二年後三十七歳で死亡した。

【註2】　司馬凌海（しば・りょうかい）　天保十（一八三九）年〜明治十二（一八七九）年。
　天保十年二月二八日佐渡の半農半漁の家で生まれた。本名島倉亥之助。名を津、諱《いみな》を盈之と称した。司馬凌海は通称である。嘉永三年江戸に出て医学と蘭学を松本良甫や佐藤泰然に学んだ。明治元年東京医学校に勤務、同七年まで在職。そのかたわら東京下谷にドイツ語を教える「春風社」という私塾を開いた。明治九年名古屋に赴き、愛知県病院医員兼医学教師に就任、ローレッツの講義を通訳した。明治十年、職を辞しドイツ語を教える私塾を開いたが、結核となり京都で療養、さらに熱海で転地療養し、東京で診察を受けるため上京の途次病状急変し、神奈川県戸塚の旅館の一室で病没した。

【註3】　後藤新平（ごとう・しんぺい）　安政四（一八五七）年〜昭和四（一九二九）年。
　明治・大正時代の政治家。安政四年六月水沢藩士の家に生まれた。福島の須賀川医学校を卒業

後、愛知県病院長を経て明治十六年内務省衛生局に入り二年間ドイツ留学の後、明治二九年内務省衛生局長となり公衆衛生行政の基礎を築いた。台湾総督府民政局長をつとめ諸産業の振興や鉄道の育成等、植民地経営に手腕を発揮、明治三九年、南満州鉄道㈱初代総裁に就いた。その後、逓信大臣・内務大臣・外務大臣・東京市長等を歴任し、衛生行政・植民地経営・都市政策に多くの業績を残した。それは新たな方法による国家利益誘導の試みであった。しかし、その試みは、しばしば既存体制と衝突し、東京都市改造計画案は「大風呂敷」と評され、四十億円の震災復興計画は、規模・費用・計画主体などすべての点で後退を迫られた。

【註4】　ローレッツと長谷川元良の写真について

大正五年発行の『山形市立病院済生館誌』なる冊子には、ローレッツが済生館病院を退任するおりの記念写真が掲載されている。そして撮影された人物の氏名が記されているが、氏名不明の人物も何人かおり、それからすると、氏名は後日、記憶を辿り補記されたものと考えられる。写真は前列の中央にローレッツが椅子に腰掛け、向かって右隣に座っている人物が長谷川元良と記されているが、この人物が本当に長谷川元良であったかどうかは、私は疑問を持つものである。『長谷川元良伝』（平成十八年刊）の著者・田中圭一先生はその著の中に『山形市立病院済生館誌』掲載のローレッツ送別記念集合写真と同じものを掲載しておられるが、ただしその脚注には（「ローレッツの送別記念」この中に長谷川元良もいると思われるが特定できない）と記しておられる。

山形郷土館（博物館）が随時発行している「郷土館だより」という機関誌があるが、田中先生はその76号（平成十六年九月一日発行）に「済生館初代院長・長谷川元良について」という題で一文を寄稿されておられるが、その中で前記ローレッツの送別写真のローレッツと長谷川元良と思われる人物が並んでいる部分を切り取り掲載し、ローレッツと長谷川元良と注記しておられる。以上をまとめると同じ写真の人物を平成十六年九月一日時点では長谷川元良と特定し、平成十八年には長谷川元良と目される人物は特定できないとされている。そこで何故そうなったかについて私なりに詮索してみたい。

後藤嘉一先生著の『済生館史』や、『思い出の記――山形市立病院済生館120年のあゆみ――』という記念誌の中に、ローレッツが椅子に腰掛け、その隣に小柄な和服姿のステッキを持った男性が立っている写真が掲載されている。その和服の主の名は長谷川吉郎治と記されている。長谷川吉郎治は当時の山形の大資産家であった。当時の病院経営組織は今でいう株式会社の如きものであったらしく、長谷川吉郎治は大株主的存在の人物であったらしい。ところが、このローレッツと並んで写されている長谷川吉郎治の風貌が、『山形市立病院済生館誌』のローレッツの記念写真の中に写されている長谷川元良と注記されている人物の風貌と酷似しているのである。両者の体型が小柄で細身、なで肩であること、顔が面長であること、そして履物の形まで似ているのである。

田中先生はそのことに気づかれ、集合写真で長谷川元良とされた人物を長谷川元良と決めつけかねると脚注に補記されたのではなかろうか、というのが私の推論である。田中先生は筑波大学教授を退官された郷土史研究家だが、佐渡で高校の先生をされていたので教え子も沢山おり、また佐渡の歴史を勉強する会の指導者でもあり、佐渡には人脈がある筈だが、それでも長谷川元良の写真を佐渡でも見出せないということは、長谷川元良の係累の方が、佐渡を離れて相当年月も経っているのでやむを得なかったのかと考えられる。

田中先生は『長谷川元良伝』を記述するにあたり、長野県の松代に住んでおられる長谷川元良の末裔の方にもお会いしていることから当然写真のことも尋ねられたと思われるが、そのことについて記述がないので、長谷川元良の写真はなかったと考えるほかない。以上が長谷川元良の写真を掲載できないでいる理由である。

2　ローレツの山形来着について、人それぞれの反応

ローレツの山形招聘決定の報せは、すでにニュースとして広まっていたようで、そのことに関連した新聞への投書記事が明治十三年九月九日付の「山形新聞」に、ペンネーム、「在月山麓樵夫」なる人物から寄せられ掲載されている。

「オーストリア人ローレツ氏が、済生館の教師に任ぜられるとの報せを聞いて、改めて済生館館長の長谷川氏に頼みたいことがあります。」との書き出しで、その内容を私なりに要約すれば、次の通りとなる（原文はかなり長い）。

「ローレツ氏は先月末、金沢を出発しているようで、間もなく山形に来着すると思

えば非常に嬉しく思う。ローレッ氏は日本に来着し、我が国の医学生の教育に関することや、病院施設等の様子についてよく知っておられるようなので、我が山形県に於いても、病者の治療には綿密に対応し、医学生の教育は親切丁寧に行うであろう。

しかしながら、如何に有能なローレッ氏でも、何もかも一人でという訳にもいかないだろう。これらのことをやるについても、それを補佐する人が必要で、その補佐する人が能く補佐してこそ良い結果が出ると思う。

その補佐する人物として、我々がその役目を託したいのは館長の長谷川元良氏である。長谷川氏は明治九年五月から足掛け五年にわたり院長に任ぜられているのだが、その間、部下や同僚たちから、恨まれたり、悪口を言われたり、辱められたり、同僚がその地位を狙うようなことなどもあったが、氏は性格が常に温厚であり、みだりに人と争わず、自若として艱難を凌ぎ、苦しみを受け止めたので、悪口を言った人も殆んどそれを止め、恨みを抱く者も少なくなった。しかしながら現在は「済生館」が衰微の傾向になってきた。そうではあっても、今までの業績の低迷を恨めしく思う人を除けば、医術の進歩に寄与する「紙塑人体」の創製や、「済生館新病院」の建築についての諸々の活動等、長谷川氏の働きがなくては出来ないことであったのは判っている。長谷川氏は現在の衰況をもって中途で投げ出すことなく、今後はローレツ氏の片腕となって、その仕事を扶け我々の期待と願いに叛かないで下さい。」

文中で長谷川のことを館長あるいは院長と書いているが、実際は、明治十三年三月の病院組織改革で館長は事務方の筒井明俊となり、長谷川は医局長兼薬局長心得となっている。しかし、病院組織の中では未だ長谷川が実質的に院長（組織の統率者）と見られていたのであろう。

その当時「済生館病院」は業績低迷の最中で、医師同士の勢力争いもあったらしい。地元出の医師と、他所者の長谷川との争いだったのだが、この稿を投じた人物は当然ながら、長谷川に組する人物であろう。

後に知れたことだが、この投稿者は「済生館」の館医であった河原有記（後に齊藤姓を名乗る）という人物であり、その後、彼は館医を辞し、海軍に身を投じ海軍軍医総監まで登り詰めた人物である。その詳細は、別項で述べる。

そのような中、ローレツ氏一行は先記のコースを辿り、明治十三年九月十日に山形に来着し、その着任旅費日当十三日分が県から支出されている。

さらに明治十三年十月二二日付の山形新聞に、山形・鳴蛙子というペンネームの人物から稿が寄せられ、新聞社はそれを雑録として掲載しているが、その概略を示すと、「『済生館』はローレッツ氏が着任する前は、業績振るわず我々も気の毒に思っていたが、氏が来県して日は浅いのだが、患者が急に多くなって賑わうようになって来た。四層楼※の建物に恥じない状況になって喜んでいるが、今まで業績不振であったのは、そこにつとめる医師の腕の悪さではなく、その病院があまりにも立派なので我々平民が尻込みをしてしまったためのようである。今日大繁盛しているのは、外人医師の腕の良さもさることながら、物珍しさも手伝って患者が増えたのである。繁盛は大変結構だが、只、心配なのは県会議員の先生たちが来年の通常総会に問題視（経費の増大等）する姿勢があると思われることである。何にしても今日の処『済生館』は盛んで何よりのことです。」とある。

そして末尾に雑録子（この寄稿を採り上げた記者）の意見として「私は今の済生館について口を挟むことはしないが通弁官の二名を採用したことについては多少意見が無い訳でもない。」と記している。

※文中、済生館を四層楼と記述されているが、実際は三層楼である。ただ外見が四層楼の如く見える造りであった。76頁参照。【著者註】

通弁官二名とは朝山義六や丸山道彦を指し、人件費の増大を憂いてのことと考えられる。
また、平成十六年九月一日に山形市郷土館発行の『郷土館だより76号』に元・筑波大教授で文学博士の田中圭一先生が『済生館初代院長長谷川元良について』と題した一文を寄せられているが、その中で長谷川とローレツの関係について次のように記述されている。「……さて、山形で七年間生活をした長谷川にとって忘れ得ぬことの一つにローレツとの出会いがある。巷間、元良とローレツが不仲であったという説をたてる人があるがそれは間違いだろう。……」と書かれている。

著者は二人の不仲説を唱える記述文には直接お目にかかったことはないのだが、田中先生の言われる通り、不仲説は信じ難い。済生館病院や医学寮で外人医学教師を招じたのはローレツが初めてなのである。従ってそれまで外人医学教師に接した経験のある館医はいなかったであろう。その点で長谷川は東京医学校勤務時代に短期間ではあるが、日本に初めてドイツ医学をもたらしたとされるミュラーやホフマン、あるいはその後来日したシュルツェやウェルニヒに師事し、その指導・教育を受けた経験を有していたわけで、初めて外国人から指導を受ける館医や医学生たちとローレツとの間に立ち、その潤滑油的役目を果たしていたのではなかろうか。【著者註】

第四章　長谷川元良　山形での活躍

1　県下の開業医たちを啓蒙した長谷川の診断学講義

『山形県史　資料編　明治初期　下』を見ると、その725頁に次の如き記述がある。

「明治九年五月更ニ東京大学医学部ヨリ長谷川元良ヲ雇ヒ医長ニ充ツ。今ノ医局長是ナリ。爾来前教師ノ任ヲ襲キ、薬物学・内科学・婦人病学・診断学ヲ講述セリ。生徒ハ大概、二、三十人ノ間ニ増減シ市村開業医トモ大ニ面目ヲ一新シ、初テ診断学ノ何モノタルヲ知リ病理ノ何モノタルヲ会得スルニ至レリ……（以下略）」

とあり、特に診断学については、開業医たちにとってはすこぶる役に立った旨特記されている。長谷川は山形に来着する直前まで東京医学校に勤務、別課生を指導するかたわら、自らも三宅秀教授のもとで勉学に励んだのである。

以下に、三宅秀教授の履歴の一部分を示す。

明治七年十月　　東京医学校校長心得仰付候事
明治十年一月　　病理学及診断学ノ教授ヲ負担ス
明治十三年三月　病理総論ヲ著ス
明治十四年　　　病理各論ヲ著ス

以上の如く三宅教授は病理学や診断学の分野に精通していたことから、長谷川もその分野について大いに学ぶことが出来たのであろう。その結果、山形でも長谷川院長の三宅秀教授直伝の診断学講義は県下の開業医たちに大層刺激を与え、その診断技能の向上に大いに寄与したのである。

2　長谷川元良、医学参考書を出版すること

長谷川は明治九（一八七六）年五月、山形県公立病院に着任後間もなく、医学参考書の刊行を始めた。その書籍の題は『医科日誌』というもので、第一号が明治九年十二月末に刊行された。そして、明治十二年六月まで全部で六冊刊行されたが、その表紙には山形県病院蔵版と書かれているので、出版は病院が行ったものであろう。

『医科日誌』の原本は、国立国会図書館に保存されているのだが、山形の県立図書館や市立図書館あるいは済生館病院にも保存されていないとのことであった。山形周辺のどこかに保存されていれば大変ありがたいことである。

『医療日誌』の内容については、国立国会図書館の職員の方にご協力いただいて作成した一覧表を次頁に示す。これは単なる病院の診療記録簿ではなく、東京医学校時代の師ミュラーやホフマンらから受けた講義を基に書かれたもので、種々の病状と、その治療についての解説書として「済生館医学寮」の学生をはじめとする多くの医学生の参考に供されたと思われる。長谷川が東京医学校でお雇外人教師の指導を受けたのは明治七年から九年までの短い期間であるが、そこで学んだ知識を少しでも広めようとした長谷川の意気込みが感じられる。

ちなみに長谷川の論文は東京医学校教員時代にも東京医学校編輯の『医院雑誌』という論文集（全十一巻）に二点が掲載されている。長谷川の論文の表題は「肺炎症局所冷湯法ノ説及ヒ治験三則」「梅毒性睾丸炎治験」となっている。

この論文集は、東京大学医学部の前身、東京医学校の第一回卒業生（明治九年十一月卒）が中心となって刊行されたもので、全執筆者十八名中九名（論文数二六編）が第一回卒業生である。ちなみに、明治十年四月に東京医学校は東京大学医学部と改称したた

『医科日誌』の内容（参考資料）

巻	題名／出版年月日	定価	ページ数	纂輯者名	その他
巻之一	痢病編並治験 明治九年十二月二八日	6銭	題言　2頁 本文　18頁	山形県病院院長 長谷川元良口述 山形県病院編集係 武田玄々筆記	特になし
巻之二	駆黴薬並病論 明治十年四月七日	23銭	題言　2頁 目次　2頁 本文　84頁 付録（黴疾各論）　28頁	山形県病院医員 高橋文信 中原葦洲男 武田玄々	目次では、付録のタイトルは「梅疾各論」となっている。
巻之三	痳疾新論・附・疥癬説 明治十年六月十八日	10銭	目次　1頁 本文　16頁 付録（疥癬論）　17～40頁	山形県病院医員 高橋文信 中原葦洲男 武田玄々	附録のタイトル「疥癬論並療論皮疹鑑別法」
巻之四	下疳論並療法 明治十年八月二十日	8銭	題言　1頁 目次　1頁 本文　31頁 奥付　1頁	山形県病院 武田玄々下 曲江舟作 鞍立常作	特になし
巻之五	黴疾論並黴性諸病総論 明治十年十二月十五日	8銭	目次　2頁 本文　30頁	山形県病院 高橋文信 中原葦洲男	巻末に巻之四巻之五の正誤表あり
巻之六	腸加多留論 日付見あたらず （題言の末尾に明治十二年六月とある）	色薄く判読不可	題言　2頁 本文　16頁	山形県済生館医員 角坂有馬 石橋　泉	巻頭に正誤表あり

め、この時の卒業生二五名が「東京医学校」唯一の卒業生ということになる。その二五名の中には、後に明治天皇の侍医長となった岡玄卿《おかげんけい》(※1)などの名も見られる。長谷川も、それらの人々に伍して論文を書いているということは、その経歴(長谷川が長崎に遊学したのは、三十歳を過ぎてからであり、いわゆる晩学の部類に属する)に比してみた場合、晩学のハンディを背負いながら相当に勉学努力をしたものと思われる。

前記二編の論文以外にも長谷川には執筆論文があり、その一部が慶応大学医学メディアセンター(北里記念医学図書館)に保存されている。そこに問い合わせた結果、同館の「寄贈本集成目録(古医書目録改訂版一九九四)」に記載されているとの回答を頂いた。以下その記述概要を記す。

①熱證論	ホフマン口授	長谷川元良復講	角坂有馬筆記
②病学一汎論	ホフマン講義	長谷川元良復講	角坂有馬筆記
③病理学巻ノ一	ホフマン講述	長谷川元良復講	角坂有馬筆記
④婦人病	ウェルニヒ講義	長谷川元良筆記	角坂有馬写
⑤ホフマン氏診察論	ホフマン講義	長谷川元良復講	角坂有馬筆記

なお直接関係はないが、明治十三年九月から山形県立病院済生館医学寮教頭に就任したお雇外国人医師ローレッツも、『医事新報』という医学参考書籍（全五五号）を明治十一年七月から明治十五年三月まで発行し続けている。前勤務地の愛知医学校時代にスタートして金沢時代を経て山形時代へと続き、山形を去ることになる明治十五年の三月まで発行し続けたようである。

【註1】　岡玄卿（おか・げんけい）　嘉永五（一八五二）年〜大正十四（一九二五）年。明治大正時代の医師。津和野藩士・岡義蔵の子に生まれる。東京医学校卒。東京大学医学部助教授となり、ドイツに留学。帰国後、明治天皇の侍医から侍医頭に進む。明治三二年、医学博士・男爵となり、のちに宮中顧問官※をつとめた。

※宮中顧問官は皇室または王室制度が存在する国の官職。多くの場合、名誉職的な意味合いが強い。日本では大日本帝国憲法下で宮内大臣の諮問に応じる職であった。内閣制度創設の際に、明治十八年太政官達第六八号により、内閣とは別に宮内大臣・内大臣と並んで設置された。名称中に「宮中」とあるように、戦前の日本では皇室・皇族関連を宮中、内閣以下政府を府中とし、宮中の制度に政府は関与できなかった。宮中顧問官は勅任官で、国家に勲功のあった者の中から選ばれた。一九四五年十一月廃止。【著者註】

3　長谷川元良、紙塑人工体の開発製造販売を目論むこと

まず明治十（一八七七）年十二月一日付の「郵便報知新聞」の記事を次に掲げる。

人形師神保平五郎
婦人解剖模型製作
人形師神保平五郎は山形県下羽前国天童の者なるが、幼より父安五郎に従ひ其業を学び極めて其妙を得たるを左迄に知る人もなかりしが、本年四月該県の病院長長谷川氏が一商家にて紙糊《はりぬき》の蝦《えび》を見たるに、いかにも其精巧なるに驚き、斯る妙手を以て医院有用の品を製造せば世に益あらんとて之を県令に謀り、平五郎をして大学医学部に在る洋製の人体を模造せしめんとて出京せしめし。其工を起せしは五月中旬なるが、全身の解剖・婦人の生殖器其他妊娠始月より分べんまでの子宮および胎児発育の形状を仔細に模倣し此頃全く工を竣したるが、外国人も之を見て驚嘆せし由。

長谷川が紙塑人工体《キュンストレーキ》（分解できる人体解剖模型）の製作を思いついたのは、右の新聞記事に見られるとおりである。

紙塑人工体という器具は、医学を学ばんとする人々にとっては非常に役立つ学習器具であり、医学先進地の外国では既に開発製造されていた。わが国の医学者たちは刑死者の遺体解剖等を行い、諸臓器をその目で確かめ知識の向上に役立たせていたが、医学を志す人が増えるにつれて遺体解剖にも限界があることから、その代わりとして紙塑人工体のような器具が必要とされてきたのである。わが国でもある程度輸入してはいたが、価格等の面で需要に充分対応出来る状態ではなかったのである。

長谷川は山形（あるいは天童）のある商家で見事な蝦の置物を見つけ、このような物が製作出来るとすれば、医学研鑽に必要とされる、分解できる人体解剖模型を作り出すことは可能であろうとの考えから、その紙糊の蝦の置物の作者・神保平五郎に会い、話を進めたのである。

神保平五郎についてであるが、天童市立図書館所蔵の『天童美術の流れ』という書物には次のように書かれている。

「平五郎は、江戸浅草の蔵前で、からくり人形を作っていましたが、故あって五日町（天童の町内）の神保屋の婿養子となり尾村の姓を改めた人です。」

なお、『明治期資料』天童市史編集資料第四二号には以下のような記述がある。

「この木像（一命を捧げて忠誠義烈の道を貫いた天童藩織田家の中老・吉田大八の像を指す）は、東京浅草の人形師尾村安五郎と天童五日町の江戸屋平五郎が造ったと伝えられている」

神保平五郎の屋号が江戸屋であったことがわかる。

次に明治十一年八月二九日発行の「医事新聞」第四号を記す。

紙塑人工体

山形県病院ノ院長長谷川元良君ハ昨明治十年ノ春同県令三島公ノ允可《いんか》ヲ得テ神保平五郎ヲシテ東京大学医学部ニ就キ紙塑人工体ノ製造ヲ学バシメシニ遂ニ其精巧綿密ナルコト毫《はく》モ舶戴ニ譲ラサルニ至ル然ルヲ頃日盛ニ之ヲ製造シテ其売捌ヲ東京本

町ナル鰯屋ニ許サレタル由、我医学奨進ノ今日ニ在テ実ニ慶賀スベキ事ナラスヤ其広告ヲ得タリ左ニ掲ク……（広告文は省略）

文中、三島県令の許可を得てとあるのは、おそらく神保平五郎を東京大学医学部に赴かせ、大学が所蔵していたフランス製キュンストレーキを見本に紙塑人工体を製作させる支出費用等について公費で賄うことの許可願いであったろう。またその作品を、明治十年八月二一日から同年十一月三十日まで東京上野公園で開催される第一回内国勧業博覧会に山形県からの出品物とすることについても併せて許可を得たのかもしれない。

長谷川は医家としての能力の外に実業家的能力をも有していたようである。

蛇足ながら、彼は佐渡相川に居住していた明治六年頃、佐渡で最初とされる英語学校を立ち上げたり、バターを製造販売しようとしたり、佐渡鉱山衰退に伴っての失業者救済のための授産事業として養豚業を手掛けたこともある。この紙塑人工体も、東京日本橋本町の医療器械薬品問屋・いはしや松本市左衛門にその販売取り扱いをさせようと契約を結んでいる。

長谷川が、神保平五郎を上京させ、その作業に着手せしめたのは明治十年五月の中旬である。博覧会のスタートが明治十年八月二一日であるから、わずか三カ月足らずで全出品物を完成させたことになるが、平五郎はもともと浅草蔵前の人形師の家の出であり、技術面、あるいは資材調達の面等で、実家の父親である尾村安五郎の協力を得たのではないかと推測される。

その博覧会は明治天皇・皇后両陛下のご臨席を仰ぎ華々しく開幕され、その出品物は日本全国から八万点余が集められ展示された。製造品は機械等六区分され、約六千人に賞が与えられたが、山形県公立病院長出品の「紙塑人像」も、その制作担当者神保平五郎に対し最高賞である龍紋賞が与えられた。

しかしながらその紙塑人工体なるものがどの程度製作販売されたかは判っておらず、その実物も今現在も残っているかどうかも判らないようである。誠に残念なことと言わねばならない。

（参考資料）

『日本における西洋医学の先駆者たち』ジョン・バワース

慶応義塾大学出版会　一九九八

ミュラーが「屋敷」に着任した時にそこで見つけた教材としては、使い古した骨格標本の一部とオーズーの紙製解剖模型程度のごくわずかなものしかなかった。古い医学書もいくらかあったがオランダ語か英語の本で、ドイツ語の本はボック（Bock）の『健康人と病人』だけであった。そこで彼らは間にあわせにいくらかの教材を手作りしたが、数カ月たってからかなりの医学書、骨格標本、医療器具等が別の場所に所蔵されているのを見つけた。これらの品は、当時東京に頻発していた大火災の際にいつでもすぐ持ち出せるように箱に詰めて屋敷の玄関に近い所にしまってあったのである。この中には保存のいい頭蓋骨をはじめ全身の骨格標本が五組、解剖模型、解剖図譜、顕微鏡、眼科用器具等があった。これらは目録もないまま長い間、箱に詰め込まれていたので、日本人さえ誰もその存在を知らなかったのである。……（以下略）

屋敷とは下谷和泉橋通り　旧津藩・藤堂邸跡にあった東校（東京大学医学部の前身）の校舎や病院を指す。【著者註】

私の意見を付け加えれば、後から見つけられた書籍・標本・医療器具等は外国製のものので、当時としては価格的にも高価なものであったことから、前掲のように大事に保管されていたのであろう。長谷川が山形で紙塑人工体《キュンストレーキ》の製作を思いつき、それを実行に移したのは、その事実を知った上でのことではなかろうか。

4 長谷川元良、国事犯獄囚の陸奥宗光の病気治療や、健康管理を行うこと

陸奥宗光《むつむねみつ》(※2)は、明治二五年八月、第二次伊藤内閣の外務大臣となり諸外国との不平等条約（治外法権）の撤廃に成功するなど国威の発揚に尽くした。その外交手腕から「剃刀《かみそり》大臣」「魔王」などと異名を冠せられるほど相手国から恐れられた人物である。

明治十(一八七七)年の西南戦争の際、元老院幹事の職にあった陸奥宗光は、政治結社・土佐立志社の大井卓や林有造らが兵を挙げ政府転覆を謀らんとする企てに加担した罪を問われ、明治十一年八月二一日大審院より除族（華族や士族が罪などにより、その身分を除かれることをいう。陸奥はこれにより、元老院幹事・和歌山県士族の資格を失う）のうえ、禁獄五年の刑を申し付けられ山形監獄に収容された。

陸奥はこの事件に関して「この一事は余が半生の一大厄難にして自家の歴史上摩滅すべからざるの汚点なり。余は多言するを欲せず」(伯爵・陸奥宗光遺稿)と口をつぐんでいるので、彼が何故に、またどの程度この計画に参画していたかは必ずしも明らかでな

い。

余談になるが、陸奥が山形送りになったのは、大審院判事・玉乃世履《たまのせいり》(※3)の洒落っ気によるとの説もある。陸奥は元老院幹事在職中に酒田県のワッパ騒動(※4)に関して当時の酒田県令三島通庸を調べて油を絞ったことがある。その三島が山形県令として威権を欲しいままにしている山形県に身柄を預けられたのは、陸奥にとっては決して喜ぶべきことではなかったであろう。従って山形時代の陸奥は三島に対して、警戒するところが多く、つとめて恭敬謹慎の意を表したといわれる。

【註2】　陸奥宗光(むつ・むねみつ)　弘化元(一八四四)年~明治三十(一八九七)年。明治の外交官・政治家。和歌山藩の家老伊達家に生まれ、脱藩して勝海舟の海軍操練所に学び、坂本竜馬の「海援隊」に入った。明治維新後、兵庫県・神奈川県知事をへて大蔵省に入り地租改正にあたった。西南戦争時、反政府運動をして禁獄五年、のち山縣内閣の農商大臣、伊藤内閣の外務大臣を歴任、条約改正に敏腕をふるい日清戦争には日本全権として下関条約に調印し「かみそり陸奥」のニックネームがつけられた。

【註3】　玉乃世履(たまの・せいり)　文政八(一八二五)年~明治十九(一八八六)年。初代の大審院長。岩国藩士桂修助の子として生まれた。後に朱子学者の玉乃九華《きゅうか》の後嗣となっ

て玉乃氏を称した。明治元年岩国藩公儀人として上京後、司法権大判事から大審院長となった。その公正な裁判ぶりは明治の大岡越前と称えられた。

【註4】 ワッパ騒動

明治六年、地租改正により金銭による納税が認められたが酒田県ではそれを農民に伝えず、従来通りコメによる納税を義務づけていた。当時は米価が高かったため、県はコメを現金に換え、その中から税金を引いて、その差額を別の事業に用いていた。それを知った農民が怒り、余分な税の払い戻しを求めて一揆をおこした。ワッパ（弁当箱）一つ分の金が戻ってくる筈だということから、この騒動はワッパ一揆・ワッパ騒動と呼ばれている。

三島はこの騒動を抑制するために、明治七年、酒田県令として派遣されたが、最終的には国から指導を受け、農民へ税の払い戻しを行うこととなる。

こうして陸奥宗光の山形での生活が始まるのだが、元来、彼は必ずしも強健とは言いがたく、明治元年春には肺患を病み、外国事務局権判事の職を辞した経歴もあった。入獄前は、かかりつけの医師、印東国手《いんどうこくしゅ》（※5）の診察を受けていたが、山形に送られると印東の知己である山形県立病院長の長谷川元良に対し依頼状が寄せられ、長谷川が陸奥の健康維持管理につとめることとなった。そして長谷川は、陸奥が山形にいる間、数回にわたって監獄に出向き、彼の健康状態をみては診断書を作っていた。

長谷川も陸奥が如何なる経歴の持ち主で、如何なる立場の人物かは承知していただろうから、その健康管理には大いに気遣いをしたと思われる。

当時の新聞には陸奥が慣れぬ寒さのためもあって、しばしば吐血して衰弱甚だしいと伝えられている。

ちなみに明治十二年元旦の作詩の中で、陸奥は自分の気持ちを次の如く詠んでいる。

残駆畏痼疾（ざんく、こしつを、おそれ）
気骨日漸衰（きこつ、ひごとに、おとろえ）
死生安可必（しせい、いずくんぞ、ひっすべけんや）

さらにうがった見方をすれば、陸奥は慶応三（一八六七）年頃、長崎の坂本竜馬の下で「海援隊」の仕事をしていたことがあるが、長谷川もまた明治元（一八六八）年頃から三年頃まで長崎に遊学しているのである。顔見知りとはいかぬまでも、陸奥の名前くらいは聞き及んでいたかも知れない。

陸奥が体調をくずしていたことは、陸奥の身の廻り世話を引き受けていた山形の後藤又兵衛家に残されている多くの関係書翰からも読み取れる。

明治十二年九月二五日の夜半に山形監獄に火災が発生したため、陸奥の身を案じた内務卿・伊藤博文の配慮で、陸奥の身柄は設備の整っている仙台の宮城監獄に移されることになった。この時、後藤又兵衛氏が陸奥の病状を心配して済生館病院の院長・長谷川に今後の対策を相談したことに対し、長谷川は「仙台病院長の赤星氏に、陸奥の山形での病状診断書と、今後の療養について宜しくお願いする旨の書状を既に差し上げております」と答えた内容の書状が残されている。

しかし、仙台病院長の赤星研造氏が直接監獄に出向いて、その病状について陸奥を診察した記録は残されていない。もっとも、その病状について、当時の「東京日々新聞」には、宮城への旅中の様子を、「氏は至極快活の体にて更に憂鬱の色なし。」とあるから、その頃は大分健康も回復してきていたものと考えられる。

余談になるが、刑期を終え出獄後、陸奥は政・官の両道のうち、官を選び、その活躍ぶりは周知の通りである。

話は飛ぶが、平成になって小泉純一郎総理は平成十四年十月十八日に開かれた第一五五回臨時国会本会議での所信表明演説の中で、陸奥宗光著述『蹇蹇録《けんけんろく》』の一文を引用して日・朝国交正常化交渉の再開を決断した心情を吐露している。

『蹇蹇録』とは、当時外相であった陸奥の日清戦争外交秘録で、小泉首相が引用したその一文とは「他策なかりしを信ぜむと欲す」という文言で、他の誰であっても、これ以外の策はなかったに違いない、というほどの意味であろう。【著者註】

陸奥宗光は、温暖の地・紀州和歌山の生まれであり、初めて体験する「みちのく」の冬の寒さは耐え難いものであったろうが、長谷川の適切なる治療処置宜しく、その後、宮城監獄に移送される頃には徐々に健康を取り戻し、結果として後年の大活躍に結びつくのである。長谷川が陸奥のため、どのような治療を施したかについては知る由もないが、寒冷地の山形での獄囚生活で体調を崩した陸奥が、後年、中央官界で大活躍出来たのも、長谷川による治療の賜物であり、長谷川の功績もまた認められて然るべきと、著者は思うものである。

西園寺侯跋文附
蹇蹇録
陸奥家蔵本

【註5】 印東国手（いんどう・こくしゅ） 嘉永三(一八五〇)年～明治二八(一八九五)年。

印東国手なる言葉についてであるが、この出典は「山形県文化財調査報告書（第五集）山形獄中陸奥宗光　山形県教育委員会　昭和二九年三月刊の五」の獄舎内の生活の内容の一部分なのだが、まず印東国手の国手について述べれば「こくしゅ」と読み、これは個人の名前ではなく「上医は国を医し、その次は人を救う」ということから名医・医師の漢語的表現なのである。よってここでは印東医師ということになる。然らば印東なる医師は誰なのであろうか。絶対とは言えぬが印東《いんどう》玄得《げんとく》という医師であろうと推されるのである。

玄得は嘉永三（一八五〇）年、紀州新宮に生まれ本姓坪井氏のち印東氏を継嗣した。明治九年東京医学校を卒業し助教として学内に留まった。長谷川元良も明治七年から東京医学校の教員として勤務しており、長谷川と印東は当然顔見知りの間柄であったと考えられる。また、陸奥宗光は紀州和歌山の人間であり印東も和歌山の人間であったことから同郷の誼《よしみ》ということもあって陸奥の健康管理を行っていたと思われる。その陸奥が山形監獄に収容されることになったため印東は東京医学校時代の知己、長谷川元良が山形済生館病院の院長となっていることから長谷川にその後事を託したのであろう。

5　長谷川の部下で、その良き理解者であった済生館医の河原有記が、海軍に身を投じ、昇進して海軍軍医総監に任ぜられたこと

山形県立済生館病院に長谷川元良が院長や医局長として勤務していた時期、その部下

の一人に河原有記（安政四年四月二七日生）という医師がいた。ここでは彼の経歴を辿ってみたい。

有記の父親は天童県の少属・齊藤尹短《さいとうただのり》という人で、有記はその二男として生まれた。何らかの事情で河原姓を名乗り、その後、また旧姓の齊藤に戻っているのだが、『日本海軍史』第十巻を見ると、齊藤有記の経歴欄に旧姓河原と付記されておるので、海軍に勤務するようなって齊藤姓に戻ったと思われる。

河原がどのようなコースを経て医師となり、「済生館病院」に勤務することになったのかは定かではないが、病院の同職の中では中堅の役どころであったらしく、ローレッツが教授したものを講義録として書きまとめる編輯の仕事にも携わっている。山形に残されている講義録は以下の二冊である。

『顕微鏡学』
山形県済生館教頭澳国医官　老烈《ローレツ》氏　講述
訳司兼館医教授　朝山義六　口訳
館医補教授　河原有記　編輯
館医補教授　長井又蔵　編輯

『薬剤学』

山形県済生館教頭澳国医官　老烈氏　講述
訳司兼館医及教授　朝山義六　口訳
館医兼教授　河原有記　編輯
館医補教授　堀　義水　編輯
医局長　長谷川元良　校訂

医局長の長谷川は東京医学校で勤務していた当時は、ホフマンやウェルニヒの講義録の作成に関与した経験があり、講義録の作成について河原ら若手医師を指導したのであろう。

ところで、ローレッツが「済生館」を辞し、山形を離れたのは明治十五年七月末頃なのだが、同時期に数人のスタッフが山形を去っている。名古屋、あるいは金沢からローレッツと共に山形に来着し、「済生館病院」に勤務していた朝山や佐々木もその中に含まれる。また、長谷川元良もその年のうちに、「済生館」を退任した。

河原有記が「済生館」を辞めたのがいつかははっきりしないのだが、彼は明治十七年十一月一日付で海軍少軍医となって横須賀海軍病院に勤務するようになった。

河原が海軍に身を置くことになった経緯については、あくまでも推測だが、三島県令、あるいは後任の折田県令も共に薩摩藩士の出であり、その伝手を活かしたのではなかろうか。当時の薩摩藩は日本海軍の中で重要な地位を占める存在であった。

ちなみに、日露戦争の日本海海戦で名を馳せたわが国の連合艦隊司令長官・東郷平八郎元帥（海戦の時は中将）も薩摩藩士であったし、わが国初代海軍大臣も薩摩の西郷従道（西郷隆盛の弟）が陸軍中将を兼務して就任しているのである。

内陸出身の河原が海軍に転じたきっかけは、ローレッツとの出会いではなかろうかとも思われる。河原は外国の医学界の実態と、わが国のそれとのレベル差をローレッツとの出会いにより深く知ったのではなかろうか。そうしたことから、仕事として外国を訪れ、優れた技術・文化に接して学び、情報を得ることも出来るであろう海軍への道を選択したのではと、考えるのである。

その後、河原は種々のポストを経て昇進していくのだが、明治二八年三月二二日付で防護巡洋艦「吉野」の軍医長を命ぜられた。その頃、わが国に於いては亡国病的な疫病、「脚気」なる病が万延しており、その病因は未だはっきり判っておらず、罹病イコール死亡というパターンが多かったことから、医学界を挙げてその原因究明と対策に取り組んでいた。齊藤有記は、発病の原因ははっきり掴めぬも、日常の食べ物（主食を白米だけでなく麦入り飯にすること）について留意することにより予防可能であると見出し、「吉野」乗組員を対象として麦入り飯を試みた結果、その成果は大きなものがあった。その旨の報告を「時事新報」に寄稿し、明治二八年十一月三日号と五日号に分けて掲載されている。この寄稿が医学専門紙ではなく、一般紙であったことに特徴があり、如何に多くの人が、その原因究明と対策を待ち望んでいたかを知るものである。この脚気病の発生原因とその治療については、多くの兵士を抱える軍隊にとっても重大関心事であったが、ただその原因や対策については、陸軍と海軍がそれぞれ異なった見方をしたことから陸対海の論争に発展し、論争の場を「中外医事新報」や「東京医事新報」という専門紙に舞台を移して続けられた。即ち海軍が麦飯やパンを取りいれることで、脚気が予防できると主張したのに対し、陸軍は細菌説を唱えたのである。齊藤有記も「半白翁」というペンネームで論争に加わり、海軍の食料有効説を主張した。

ちなみに、病因細菌説を強力に主張していたのが明治の文豪として知られる森林太郎（森鴎外）である。森は陸軍の高官軍医の立場で海軍説に反論し、兵士に麦飯を支給することを拒んだ。結果として陸軍は多くの脚気病者を出すこととなる。森鴎外は色々な面での成功者であったが、こと脚気病に関する主張のみが鴎外唯一の失態となったのである。

その後、齊藤有記は、わが国がイギリスのピッカーズ造船所へ建造を依頼していた軍艦「三笠」が完成したことにより、それを日本に回航するため、明治三四年五月一日付で三笠回航委員と軍医長を命ぜられ、一年の間イギリスに出張することになった。そして明治三五年五月十八日帰着した。

その「三笠」は明治三八年五月、日露戦争のおり、わが国、日本連合艦隊の旗艦として日本海大海戦に出撃し大勝利を収め、司令長官東郷平八郎中将（その後元帥まで昇進）の名と共に「旗艦三笠」の名も大変有名になり、艦は現在も横須賀に記念艦として大切に保存されている。

齊藤は明治三八年一月二三日付で「出雲」の軍医長を拝命、明治三八年五月の日露戦争日本海大海戦に参戦し、明治四三年十二月一日海軍軍医総監（少将）に昇進、その後予備役、後備役を経て大正七年一月二日病歿した。

齊藤有記は以上の如き経歴の持ち主なのだが、山形や天童では案外知られた存在ではないように思われる。どこで医学知識を身に付け、いつから「山形済生館病院」に身を置き、いつ退任したのか、どんな事由で海軍を志したのか。もう少し知られても良いような気がする。齊藤の三女清子の夫・高杉新一郎という人物もまた医学博士となり、後に海軍軍医総監となっている。（軍医総監の最高位は、当時少将の位で、その後中将に改正されている。従って齊藤有記は少将であった。）

ローレッツが山形に来着せんとしたおり、「在月山麓樵夫」という匿名で「山形新聞」に、種々苦労している長谷川元良の力量を評価し、バックアップせんとして稿を投じた人物と、「時事新報」に脚気病の対策について論を述べた人物が、著者の目には同じ人物であるような気がしてならなかった。

後日、小形利吉先生著の『まぼろしの医学校――山形済生館医学寮のあゆみ――』を読んだところ、月樵（月山麓樵夫）は、河原有記のことと記されており、私の推測したとおりであることが判った。

山形済生館病院に館医としてつとめていた河原有記は、近々中にオーストリアの医師ローレッツが山形に来着、済生館病院の医師として、また、済生館医学寮の教師として勤務するようになることを知り、そのことを大いに歓迎する旨の一文を明治十三年九月九日付の「山形新聞」に、在月山麓樵夫というペンネームで寄稿している。（95頁）

その内容は、ローレッツの来着を歓迎する記述もさることながら、大方は、当時済生館病院が業績が低迷していたことで、他所者の長谷川元良は地元山形出身の部下たちからも、いわゆるいじめに遭っていたこと、長谷川がそれまで山形で行った種々の働きぶりのこと、さらに、今般山形に来着するローレッが如何に優秀な医学者であったとしても何もかも一人で事をなすというわけにもいかないこと、そこには有能なアシスタントの存在があって初めて物事が上手く行くだろうこと、そこでそのアシスタントの役を院長の長谷川に託したい等々のことが述べられており、いわば長谷川を激励する内容となっている。

ここで少し余談になるが、川原が用いているペンネーム、在月山麓樵夫について述べてみたい。月山とは出羽三山、即ち月山、羽黒山、湯殿山の一つで山伏修験の山である。私が知った同じようなペンネームを用いている有名人に平民宰相、原敬がいる。原はその政治的に重要な立場に立つ年代となって「一山」という号を用いていた。「一山」とは、戊辰戦争の勝利者である官軍側が、敗者（幕府方）である東北一円の人々を「白河以北一山百文」と蔑んで口にした言葉である。原は敢えてそれを号として用い東北人の気概を示したのだが、その原が若い頃、山梨県の「峡中新報」に稿を投ずる際、「鶯山樵夫」というペンネームを用い、明治十二年八月から明治十四年十月まで四六編の論説を寄稿しているのである。「峡中新報」は山梨県で明治十二年三月から明治十六年八月まで発行され続けた、山梨県の自由民権運動の機関紙的役割を果たした新聞であった。

鷲山（あるいは岩鷲山）とは岩手山を指し、その岩手山が春になると、雪に覆われていた山肌が山裾の方から雪が溶け出し黒土が現れてくる。その黒土部分の形が遠方から眺めると、鷲が羽根を広げて飛んでいるように見えることから地元の人々は「岩鷲山」と呼び、今日でもそれが現れる時期が農作業を始める一つの目安になっているのである。石川啄木ではないが、岩手山は昔も今も南部人の心を癒し続けているのである。

それでは、「鷲山樵夫」というペンネームは原敬が独自に考え出したものであろうか。

戊辰戦争の頃、南部藩に楢山佐渡という人物がいた。その立場は南部藩の主席家老で有能な人物であった。南部藩は幕府方として戊辰秋田戦争に出兵したが、戦いは南部藩方に利あらず敗れ去り、主席家老の楢山佐渡はその責任を取らされ、報恩寺（盛岡市）で処刑された。原家と楢山家とは昔から親しい間柄で、原敬も子供の頃から楢山佐渡を見知っていた。その楢山佐渡が号として用いていたのが「北山・樵夫」であり、北山もまた岩手山の別称であった。

そのようなことから、原はそれを見習って「鷲山樵夫」というペンネームを用いたようである。

原敬の生年月日は安政三（一八五六）年二月九日で、没年は大正十（一九二一）年十一月四日である。

齊藤（旧姓河原）有記の生年月日は安政四（一八五七）年四月二七日で没年は大正七（一九一八）年一月二日である。従って原が河原より一つ年上ということになるが、ほぼ同年代ということになる。

原は明治十二年十一月十六日から約二年三カ月ほど、「郵便報知新聞」の記者として働いていたが、そのかたわらアルバイト的に山梨県の「峡中新報社」に論説を送っていた。

一方、河原は明治十三年九月九日付の地元紙「山形新聞」に

「澳国人魯列氏、山形済生館教師ニ任セラレシ報ヲ聞キ同館長長谷川元良氏ニ嘱託ス。在月山麓樵夫　寄稿」

と題して稿を寄せているのである。

原は先記の如く、山梨県の「峡中新報」に明治十二年八月から明治十四年十月まで「鷲山樵夫」のペンネームで四六篇の論説を書いているのだが、原はこの時から「鷲山樵夫」のペンネームを用い始めたようである。河原有記が原敬の「峡中新報」の論説を読んだうえ、そのペンネームを真似たものかどうかは判らないが、二人の共通点は書くことが好きであり、また、新聞という媒体を用いて自分の意見を世間に知らしむ才能が

豊かであったことが推察される。

6　長谷川元良、山形を離れ、故郷佐渡の相川に帰ること

三島県令は明治十五年一月山形県令のまま福島県令をも兼ねることになり、さらに同年八月、福島県の専任県令となった。そして山形では病院経営に関する財政支出に反対する県側の方針と、ローレッツを含めた館医たちの病院諸設備充実のための費用支出を求める要望との間に挟まれ苦労した館長・筒井明俊も明治十五年八月依願免官となった。

ローレッツも明治十三年の着任以来、病院の改善策について種々建議をしたが、県側の出費増大を事由とする拒絶の方針のため、その目的を充分に果たせぬまま明治十五年九月、契約期間満了となった。本人は契約よりも早く、七月二五日から一カ月の夏季休暇をとるも、その後出勤せず、山形を引き揚げるための荷物整理などにあたり、八月十一日にイギリス船コビチック号でサンフランシスコを経由して帰国している。

長谷川もまた、三島に代わる新県令折田平内（鹿児島県士族）の方針で医局長から再び館長に就任したが、ほどなく退任した。関連諸資料はいずれも正確な退任年月日を記していないが、長谷川の門下生として佐渡・東京・山形と長谷川と行動を共にして来た

館医の一人、鞍立浩の履歴書をみると、「明治十五年十月十八日、依願山形済生館医免セラル」とあるので、長谷川も同時期に山形を立ち去ったと思われる。それにしても長谷川の退任時期については、そのほとんどの関連記述資料が不明とされているのはどうしたことであろうか。給料の支払い記録等から推測出来なかっただろうか。それとも、そのことを明確に出来ない何らかの事情があったのであろうか。気になるところである。

長谷川の山形滞在期間は明治九年五月から明治十五年十月頃（あるいはもう少し後かも知れぬ）まで、足かけ七年ほどであった。

『佐渡史学』という新潟県佐渡地方の郷土史研究誌に「長谷川元良小伝」なる一文を寄稿した小松辰蔵氏は、その中で「……長谷川は山形を永住の地とする決心のようであったが、病院の完成を境として辞任して郷里相川に引き揚げた。そして郷里に骨を埋めた。やはり佐渡人だったのである。……」と書いておられる。

豪華な「済生館病院」も見事に出来上がり、果たすべき役目は終わったと考えたのであろうか。「病院の完成を境として辞任した」という表現の真意はよく判らぬが、足かけ七年という年月は、その地、山形に住み着いても良いと考えられるほど、長い年月だったのであろう。

長谷川は、佐渡相川に戻ってからは「静修医院《せいしゅう》」という総合病院を立ち上げるなどして地域の人々の健康増進や衛生思想の普及にその意を尽くし、また島内の医師たちのリーダーとなって、その知識・技術能力の向上に力を尽くした。

その一例を示せば、明治二十年十一月から佐渡島内で発行され始めた「北溟雑誌」（新潟県下雑太郡中興村百二八番地　北溟社）という書物の第一号に、「衛生注意」という健康に関する一文を投稿している。「北溟雑誌」は、佐渡における月刊雑誌の最初のもので、明治二九年まで足かけ九年にわたり発行され続けた日刊新聞の先駆けとなるようなものであった。表題は「雑誌」だが、その内容は産業・歴史・風俗・文学に関する論説から社会情勢を知るニュースまで掲載した「新聞」であったようである。長谷川はその第一号に続き、第四号に「衛生注意（二）」という題での論述や、第三七号、第三八号（明治二三年十一月号・同十二月号）に「初生児ノ養育法ニ就テ」「初生児ノ養育法ニ就テ（承前）」などの文章を寄稿しているのである。

また長谷川は明治二六年一月二五日刊行の同誌第六三号の雑録欄に「解剖記事」という題で、長谷川が診察治療を行っていた患者の一人で、村田トクという明治八年十月二五日生まれの十九歳になる若い娘さんの病状の推移を記述している。トクさんは幼時より体質虚弱で、長谷川が治療を行うが、なかなか好転は望めぬ状況であった。トクさんはその死期が迫ってくることを悟り、家族に、「私はこのような体であるから今までは医に関係する仕事をして人の役に立ちたい想いで按摩術を仕事としてきたのであるが、今となってはそれも無理だと思う。せめて私の亡骸が解剖に付されて病気の原因が判り、世のため人のために少しでも役立つならばと思っている。どうか私の願いを叶えて欲しい」との遺言を残して明治二六年一月三日に亡くなった。

その一部始終を遺族から聞いた長谷川はその遺志を汲み、早速、町内の開業医全員（九名）に事情を説明したうえ、町内の本興寺において遺体解剖を行ったのである。屍体解剖の所見は「肺・腸の潰爛部を採取しチルシユ氏法により二重着色をなし顕微鏡下に検せしに、果たして結核固有の桿状バクテリヤ赤色をなして顕出せり」等の理由により、これを「肺・腸結核肝胞虫症」と診断している。

7　長谷川元良の漢詩

一面、彼はかなりの能書家であり、詩作（漢詩）にも長じていたようで、私の手元にも長谷川元良の筆跡になる漢詩三篇が残されている。

その全部を次に記する。

勅題【寄海祝】（海に寄せて祝す）

維斯大東海
衆水総朝宗※
雲浪涵天遠
恩波浴日濃
勢吞洲嶌濶
聲動乾坤洶
蔚蔚籠祥靄

維《おも》う 斯れ大東海
衆水 総べて朝宗す
雲浪 天を涵《ひた》して遠く
恩波 日を浴びて濃し
勢いは洲嶌を吞んで濶《ひろ》く
聲は乾坤《けんこん》を動かして洶《わ》く
蔚々《うつうつ》たり 祥靄《しょうあい》を籠め

春　風　碧　萬　重　　　　　　　　春風　碧萬重《みどりばんじゅう》

※朝宗　多くの諸侯が天子に謁見するために朝廷に参ること。

（大意）考えてみればこの広大な海は多くの水が全部集まってくる。雲の波は遙か遠くの空まで広がり、豊かな海の波はお日様を浴びて色濃くなっている。潮の勢いは広く多くの島々を呑み込むようで、潮の音は天地に鳴り響き水しぶきがわき上がる。めでたげな霞《かすみ》が辺りいっぱいに立ちこめている。春風が緑一色に覆われた連なる山々を吹き渡っている。

【乙未新年】（きのとひつじ・新年）

遥拝恩光廣嶋天
椒盤依舊賀新年
帝文普及雞林外
我武維揚渤海邊
一朶回陽梅玉貌
三杯延壽酒仙縁
迂夫嘉国慚無術

遥かに恩光を拝む　広島の天《そら》
椒盤　旧に依り　新年を賀す
帝文普及す　雞林《けいりん》の外
我武維れ揚る　渤海の辺《ほとり》
一朶　回陽す　梅玉の貌
三杯　延寿す　酒仙の縁
迂夫　国を嘉《よみ》すれど術無きを慚ぢ

惟案醫書不随銭　　惟だ案ず 医書の銭に随わざるを

（大意）遙か遠い広島の地にある天子の恩恵に対し謹んで拝礼いたします。山椒を盤にもり、古いしきたりに従って新年をお祝いする。天子のはかりごとは広く朝鮮のむこうまでも及び、我が国の武勇は遠く渤海湾あたりまで称揚された。梅は、新しい春を迎えて枝につぼみが見られる。延寿を祈祝し酒に酔って浮き世を忘れた。酒仙にあやかりゆっくりと楽しみくつろぐ。世事にうとく見識も低い私は、このめでたいよき国に生を受けたが、今はなすすべも無いことを恥ずかしく思っており、ただ心配しているのは医書を入手するのに手許が不如意なことだ。

【謁吉野山陵恭賦一律】

大權復古聖徳張
禘祭皇霊向洛陽
左織當年昏極暴
誅臣今日恨無彊
忘都臺當監震愛
戀浦潮曾入清氣
相跪舊陵光石畔

（吉野山に謁して恭しく一律を賦す）

大權古《いにしえ》に復し　聖徳張る
禘祭皇霊　洛陽に向かう
織《はた》を左し　当年昏くして暴を極め
臣を誅し　今日恨み彊《かぎ》り無し
都台を忘るること　当《まさ》に震愛を監《かんが》みるべし
浦潮を恋すること　曾《か》って清気に入る
相跪《ひざまず》く旧陵　光石の畔

青々松櫻是甘棠※　　　青々たる松櫻 是れ甘棠《かんどう》

※甘棠　周の召公の善政に感じて甘棠（りんご）の樹を大事にした故事から、人民がその木を思慕する情の切なることをいう。

（大意）吉野山の山稜を訪れ参拝した記念に漢詩一篇を御前に捧げます（後醍醐天皇の御陵・吉野陵ともいう）。

王政復古し、天子の徳の時代となりました。天皇が行われた祖先神をまつる大祭で、後醍醐天皇の御霊は京都に向かったでありましょう。逆臣が旗をひるがえした当時の世の中は暗くて暴をきわめていたことでしょうし、忠臣を死なせてしまったことは誠に残念なことでした。天子様のお住まいになる都をないがしろにしたことは大いに反省するべきことでありますが、隠岐に流されたことは、かえって清々しい気持ちとなられたことでしょう。光る石の近くで御陵に向かってひざまずくと、そこにある青々とした松や桜の木は、周の故事にならっていえば、まさに甘棠を思い起こさせる気持ちです。

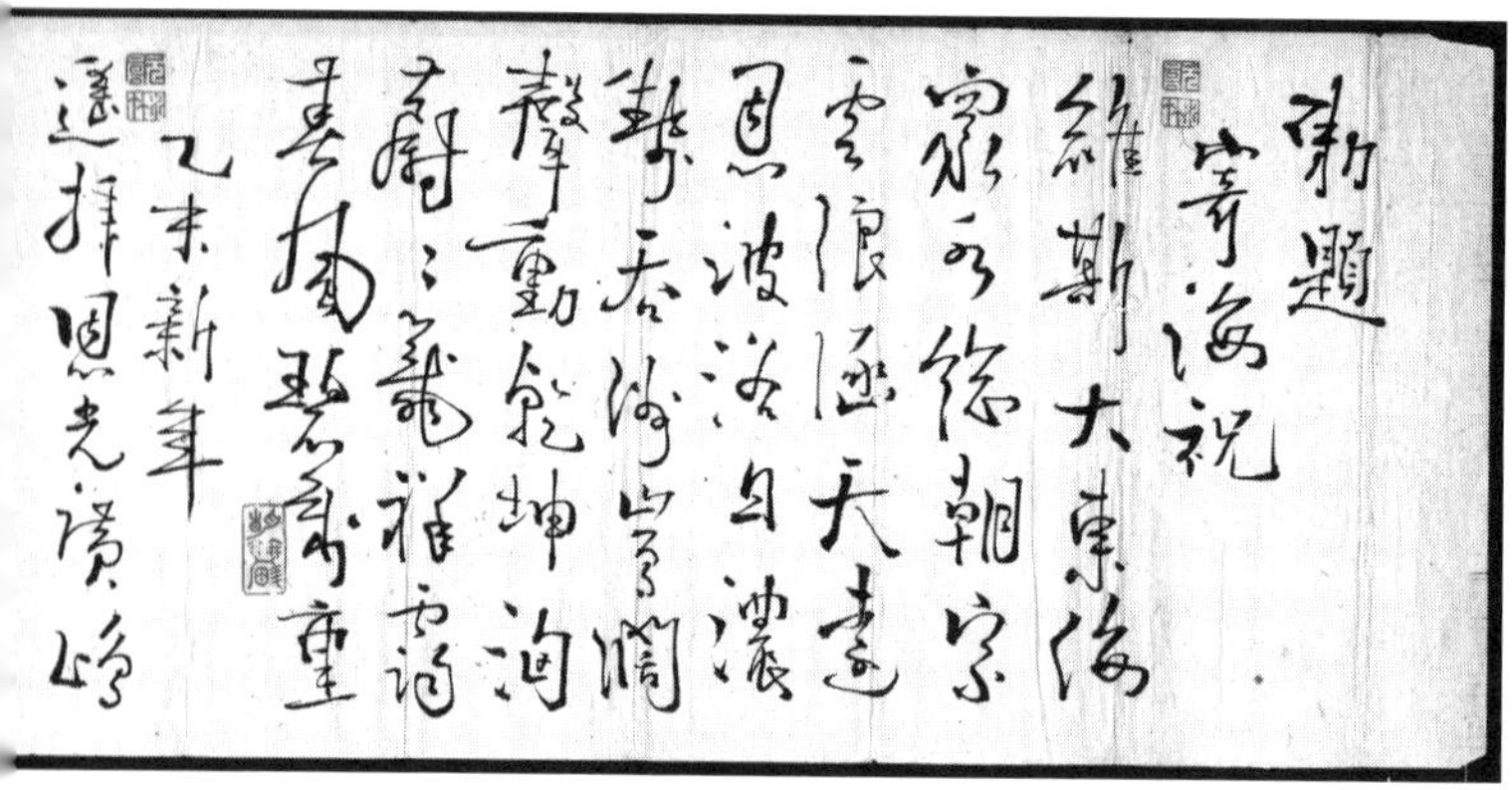

長谷川元良が訪れ参拝し詩を詠んだ場所ですが、田中圭一先生の説は佐渡にある順徳天皇（※6）（承久の乱に敗れ佐渡に島流しをされ、二十年余佐渡で暮らしその地で亡くなった）の陵としておりますが、小林正先生は吉野山の後醍醐天皇（※7）の陵であると捉えております。【著者註】

8　漢詩の解釈について

著者は漢文についての知識がありませんので、暫く前に当地（岩手県一関市）では漢文について造詣の深いと言われておりました小林正先生に、解読とその意味内容を解釈していただきました。

しかしながら先生にも理解出来ない部分があったようで、かなり苦労されたようです。読み間違っておる所もありましょうし、歴史

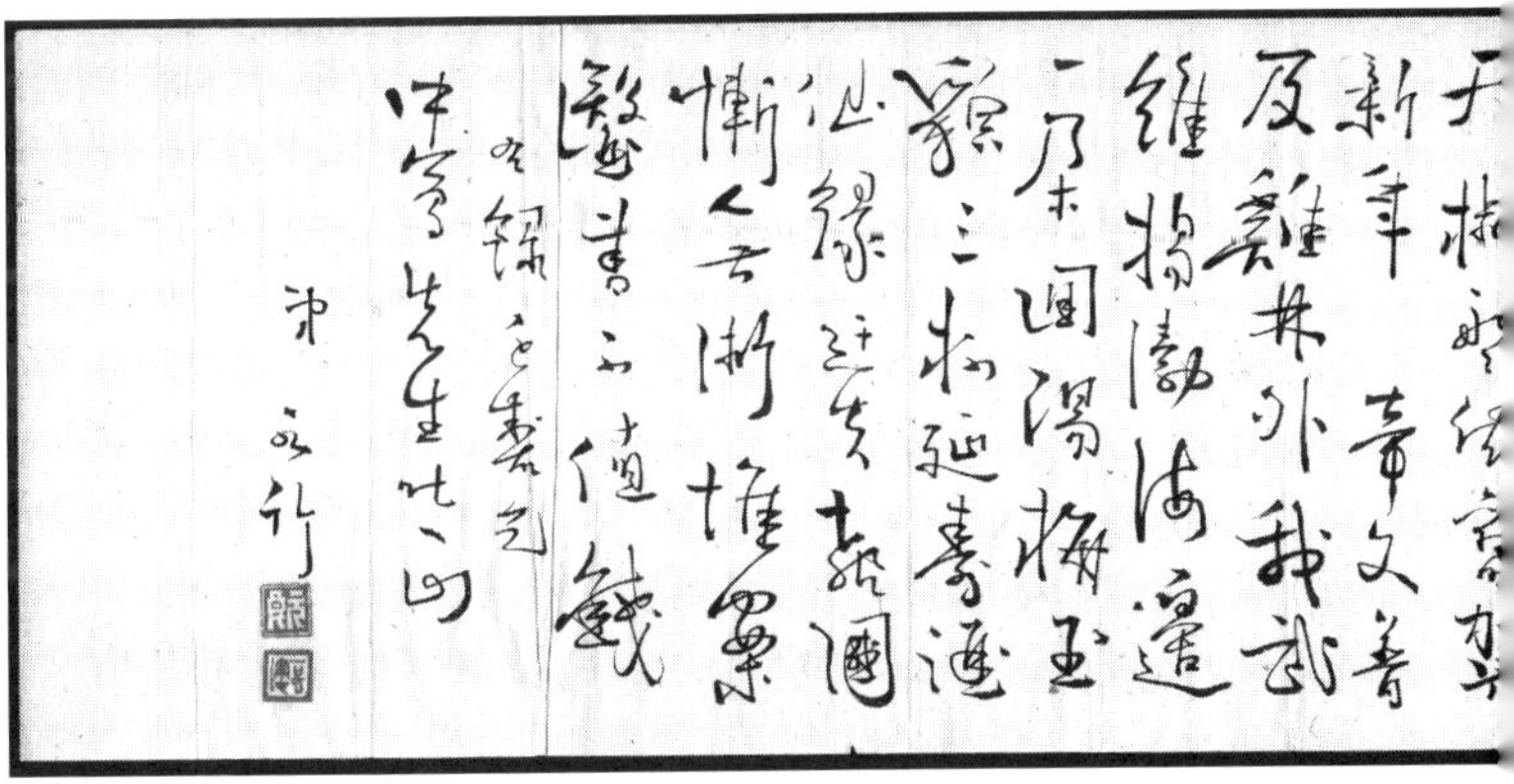

的事実がはっきりしないと理解出来ない部分もあり、こじつけ読みをしたところもあるとのことでした。字体も二通りに読める箇所がありその部分については補記していただきました。

詩文は、

「寄海祝」

「乙未新年」

「謁吉野山陵恭」

の三篇です。

「寄海祝」ですが、これは皇室行事の明治二八年正月歌会始のお題です。しかし、この年は日清戦争のため大本営を広島に移しており、明治天皇は大元帥陛下として広島の大本営に行幸中で、この年の宮中での祝賀行事は一切中止になっています。御歌会始は江戸末期に一時途切れましたが、明治二年、明治天皇により復興し、同七年から一般の詠進が認められました。従って新年のお題は前年のうちに官報などで国民の知るところとなり、長谷川元良もその題を用いて漢詩を詠んだのです。

さらに「乙未新年」は正月を寿《ことほ》ぐ目出度い内容ですが、ただ、詩文の最後を「惟だ案ず医書の銭に随わざるを」と締めくくっております。彼が置かれている現実の心情を吐露したものでしょうか。

二編の詩題「寄海祝」「乙未新年」は一枚の紙に続けて書かれており、詩の最後に中島先生なる人物に添削指導を願うと記されています。わが家に残されている詩文は長谷川が中島先生にお届けしたものの控書ともみられますが、その末尾の署名の後に印影もあるので、あるいは当時わが国の情勢は日清戦争、大本営の広島への移動など、騒々しくなってきており、それらの事柄を考慮して中島先生にお届けすることを断念し、手元に残した書状とも考えられます。

話は少し変わりますが、「中央公論」昭和十一年七月号の中に「兄　北一輝（※8）を語る」という一輝の二歳年下の弟、北昤吉が稿を寄せています。その中で、「佐渡には

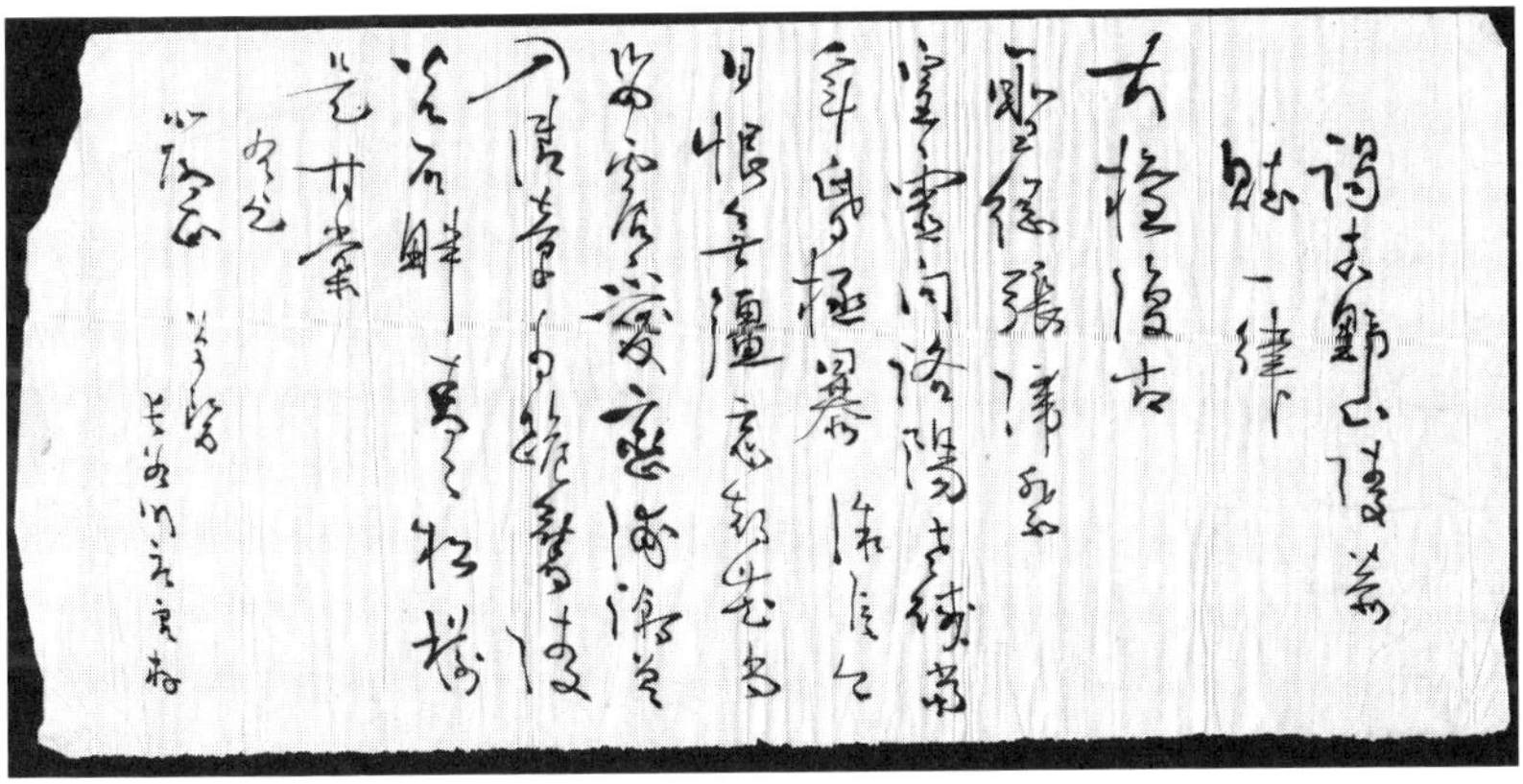

民権思想と並んで尊皇思想がある」と記しており
ます。長谷川の詩文にも尊皇思想（※9）が色濃く
盛り込まれており、正に佐渡人であったことを伺
い知った次第です。

【註6】 順徳天皇（じゅんとくてんのう） 建久八（一一九七）年～仁慈三（一二四二）年。
第八四代の天皇。名は守成（もりひら）。後鳥羽天皇の皇子。承元（一二一〇）年、兄土御門天皇の後を継いで即位。承久三（一二二一）年、父上皇の討幕計画に参加し、子仲恭天皇に譲位して承久の乱を起こしたが敗れ、佐渡に流されて二十余年ののち同地に没した。佐渡の真野にある順徳天皇の火葬塚は真野山陵あるいは御陵とも呼ばれる。

【註7】後醍醐天皇（ごだいごてんのう） 正応元（一二八八）年～延元四・暦応二（一三三九）年。
第九六代の天皇。後宇田天皇の第二皇子。名は尊治（たかはる）。文保二（一三一八）年、三一歳で即位。院政を廃止し、

親政を開始した。鎌倉幕府の倒幕を計画したが、元弘の変により隠岐に流された。楠木正成の活躍により反幕府勢力が強まると、隠岐を脱出して京都に帰り、建武の新政を開始した。強引な政策が不満のもととなり、建武二(一三三五)年、足利尊氏に裏切られ、翌年、吉野に逃れた。ここに吉野朝廷が開かれ、南北朝時代に入った。延元四・暦応二(一三三九)年に後村上天皇に譲位した。陵墓は奈良県吉野町。

【註8】 北一輝(きた・いっき) 明治十六(一八八三)年~昭和十二(一九三七)年。
佐渡出身の日本ファシズム運動の指導者。二・二六事件の間接的指導者として検挙され、死刑になった。

【註9】 佐渡の尊皇思想について
佐渡には民権思想と並んで尊皇思想がある。幕末からこの思想が強くなり、明治に至って益々甚だしくなった。其の先端を切った者は佐渡の大儒・圓山溟北先生であった。故萩野山之、故高川慎蔵、益田孝男、山本悌二郎氏はその門より出る。数百名の門弟を擁して佐渡第一の人物と称せらせた。先生は夙《つと》に勤皇の志厚く、順徳院の真野御陵の復興を実現した。山本悌二郎の国体明澄運動の如きも先生の伝統のいささか極端に走ったものといえよう。単に岡田内閣打倒の久原系の作戦とのみ解釈し難い。北一輝が、大正十一年末ヨフェー来朝の際、これを排撃する公開状を発したり、今上天皇ご成婚のみぎり猶存社の一党、大川周明、満川亀太郎、笠木良明、磐田富美夫等とともに山縣公一派に挑戦し、石黒某の西園寺八郎邸切り込みまでも演じたのは、佐渡の尊皇的伝統の然らしめるところといえる。〔参考〕「兄 北一輝を語る」 北 昤吉

《あとがき》

身のほども弁えず長谷川元良や済生館病院のことを調べてみようと思い立ったのは、《はじめに》で述べたように、わが家に残されていた、長谷川元良が詠み、墨書した三篇の漢詩を仏壇の引き出しから見つけ出してからである。後藤嘉一氏の記述になる『済生館史』（昭和四一年刊）という本があることを知り、手始めに借用のうえ、一読してみた。

だがその本の中で、長谷川元良は山形県立病院の院長に就任した時は既に六十歳を越えた老人であったと書かれており、従って、在勤中さしたる活動もできなかった如くに捉えられていたのだが、その年齢についての表現は全くの誤りで、新潟の郷土史研究家小松辰蔵氏や山形の郷土史研究家渡辺嘉兵衛氏等からそのことを書面で指摘されていた。後藤氏は昭和五四年三月三一日刊の『山形市医師会史・前編』（後藤嘉一・小形利吉両氏共同執筆）の189頁に次の如き誤りの訂正記述が見られる。

（昭和四一年刊『済生館史』に六十歳以上の老医とあるのは誤りにつき訂正＝後藤）

以上であるが共同執筆の本の中で、別の書籍に書いた原稿の誤記述の事由をあまり細かく書く訳にもいかないであろうからやむを得ぬだろうが、長谷川元良は当時の山形県令三島通庸と同じ天保六（一八三五）年生まれだから、四十代前半の働き盛りであった筈である。

しかしながら長谷川の山形での仕事ぶりについて改めて記述出版をしたとも聞いていない。

以上の如き事実から能力不足の私が、臆面もなく長谷川元良の山形時代の仕事ぶりをほじくり出して活字化したものがこの本である。私は本を書くなどという仕事とは無縁な人間である。目下、年金にて細々と暮らしており、本の内容は私の勝手推論で書いた部分が多くあります。誤れる記述も多いのではと思います。私はこの作業のなかで、現地に出かけて調査したことは一度もなく、各地の図書館や教育委員会、あるいは博物館などに書面を差し上げ、折り返し資料を頂戴し、それらを取りまとめたものです。ご配慮を賜りました各組織のご担当様、誠にありがとうございました。

新潟市の小関恒雄先生には貴重な資料を沢山頂戴し、また種々ご丁寧なご指導を賜り、ありがとうございました。今後とも宜しくご指導の程お願い申し上げます。

つくば市の田中圭一先生にも長谷川元良に関する研究著書を頂戴するなど、ご配慮誠にありがとうございました。また、本書出版にあたり種々ご指導ご配慮をいただきました風雲舎の山平松生、峯尾泉の両氏にも厚く御礼申し上げます。

平成二二年三月吉日

岩手県一関市の自宅にて

中村　忠生

【参考文献一覧】

『済生館史』後藤嘉一　昭和四一年
『長谷川元良伝——近代医療の担い手』田中圭一　平成十八年
『明治八年から十六年までに実施された内務省医術開業試験について』樋口輝雄
『幕末遭難記』山西敏弥　舟崎文庫
『佐渡相川の歴史通史編　近・現代』相川町発行　平成七年
文集『桔梗』
『新潟県大百科事典』新潟日報事業社　昭和五二年
長与専斎の自伝『松香私志』
『思い出の記——山形市立病院120年のあゆみ』編集委員会共同執筆　平成五年
『山形市史草案（下）』川崎浩良
『まぼろしの医学校——山形済生館医学寮のあゆみ』小形利吉著　昭和五六年
『大平楨作小伝』大平得三
東京大学医学部第四年報 明治十一年
『医科日誌』長谷川元良

「医院雑誌」東京医学校編
『明治の士族　福島県における士族の動向』高橋哲夫　歴史春秋出版　昭和五五年
『横浜市史稿　政治編3』横浜市役所編
『佐渡相川の歴史　資料集2　墓と石造物』
『お雇い外国人教師アルブレヒト・フォン・ローレツの日本時代』小形利彦著
『司馬凌海年譜』山本成之助
『天童美術の流れ』宝樹社編
「郷土館だより76号」平成十六年発行
『明治期資料』天童市史稿編集　資料第四二号
「医事新聞　第四号」明治十一年八月二九日発行
『日本における西洋医学の先駆者たち』ジョン・バワース　慶應義塾大学出版会
一九九八
陸奥宗光『蹇蹇録』（日清戦争等に関する外交秘録）
『日本海軍史　第10巻』より「齊藤有記」の軍歴
『佐渡史学』第9集より「長谷川元良小伝」小松辰蔵（一九七三・一〇）
「北溟雑誌」北溟社　編集・生田裕　発行・芳原鐵蔵

「中央公論」昭和十一年七月号

『山形市医師会史・前編』後藤嘉一・小形利吉

迅雷隊隊員名簿

長谷川元良の書簡（後藤又兵衛家所蔵）

『山形市立病院済生館誌』大正五年発行

『武士の家計簿――「加賀藩御算用者」の幕末維新――』磯田道史　新潮社（二〇〇三・四）

『本懐・宰相原敬』木村孝治　熊谷印刷出版部（二〇〇八・十一）

原口裕之のデータ　木村弥一郎

米沢新聞の記事　明治十三年三月二八日

『日本におけるヒポクラテス賛美』緒方富雄　日本医事新報社（一九七一・三）

「ローレッツ教授のこと」（山形県医師会報）佐々木仁一

「古醫書目録」慶應義塾大学医学情報センター（一九九四）

山形新聞記事――澳国人魯列氏山形県済生館教師ニ任セラレシ報ヲ聞キ同館長長谷川元良氏ニ嘱託ス――月山麓樵夫寄稿（寄稿者は済生館医・川原有記）（明治十三年九月九日）

中村忠生（なかむら・ただお）

昭和9(1934)年　山形県天童町（現・天童市）に生まれる。
税務署勤務の父の転勤に伴い青森県野辺地町・山形県酒田市・福島県郡山市・岩手県一関市に居住する。

昭和28年３月　岩手県一関第一高等学校卒業
昭和33年３月　日本大学経済学部経済学科卒業
昭和34年１月　岩手県信用保証協会に入協
　　　　　　　盛岡本所・一関・大船渡・釜石・水沢・二戸の各支所に勤務
平成７年３月　定年退職

山形《やまがた》済生館《さいせいかん》病院《びょういん》初代《しょだい》院長《いんちょう》
長谷川《はせがわ》元良《げんりょう》のこと

初刷　２０１０年3月31日

著者　中《なか》村《むら》忠《ただ》生《お》

発行人　山平松生

発行所　株式会社　風雲舎

〒１６２―０８０５　東京都新宿区矢来町122　矢来第二ビル
電話　〇三―三二六九―一五一五（代）
注文専用　〇一二〇―三六六―五一五
ＦＡＸ　〇三―三二六九―一六〇六
振替　〇〇一六〇―一―七二七七六
URL　http://www.fuun-sha.co.jp/
E-mail　mail@fuun-sha.co.jp

印刷・製本　真生印刷株式会社

落丁・乱丁本はお取り替えいたします。（検印廃止）

ISBN978-4-938939-59-5